高中生
创造力培养课程之
SolidWorks篇

王 剑 黄 颖 ◎著

广东高等教育出版社
Guangdong Higher Education Press

·广州·

图书在版编目（CIP）数据

高中生创造力培养课程之SolidWorks篇/王剑，黄颖著. 广州：广东高等教育出版社，2025.5. -- ISBN 978-7-5361-7921-9

Ⅰ.G634.673

中国国家版本馆CIP数据核字第20258Y8K13号

GAOZHONGSHENG CHUANGZAOLI PEIYANG KECHENG ZHI SOLIDWORKS PIAN

出版发行	广东高等教育出版社
	地址：广州市天河区林和西横路
	邮编：510500　　营销电话：（020）87553335
	网址：http://www.gdgjs.com.cn
印　　刷	佛山家联有限公司
开　　本	787 mm × 1092 mm　1/16
印　　张	11
字　　数	257千字
版　　次	2025年5月第1版
印　　次	2025年5月第1次印刷
定　　价	38.00元

（版权所有，翻印必究）

前　言

在教育部、广东省教育厅等各级政府的指导下，广东实验中学深入贯彻习近平总书记关于在教育"双减"中做好科学教育加法的重要指示精神，全面落实《教育部等十八部门关于加强新时代中小学科学教育工作的意见》（教监管〔2023〕2号）要求。作为全国中小学科学教育实验学校，广东实验中学以社会主义核心价值观、科学学科核心素养引领科技教育，以"双时段、双基地"及"双导师"为科技教育拓展机制，以师资、课程、科普活动、科学社团、科学项目及科普平台为六个重点建设方向，逐步形成"双核三双六维"的科技教育实施模式；以"科学精神、学会学习、实践创新、责任担当"四类素养为目标培养"格物致知、求实创新"的科技创新后备人才，扩大科技教育在国内外的影响力。

高中生创造力培养课程作为广东实验中学的科学教育精品课程，不仅注重学生科学素养的培育，而且鼓励学生将发明创意转化为作品。高中生有很多非常好的发明创意想法，但是这些创意想法大部分是异想天开，非常抽象，很难通过语言表述出来。这时，需要将奇想天开的、抽象的创意想法通过手绘或者是绘图软件转化为形象的图形，与指导教师、相关领域的专家、教授交流，从而形成具有可行性、实用性、创新性的发明创造方案。

2017年至2024年，笔者先后编著《高中生创造力培养之基础篇》《高中生创造力培养课程之LabVIEW篇》及《高中生创造力培养之手工劳动坊》三本实践课程读本，为综合实践活动及劳动教师开展科技类课程提供了教学资源，也为喜欢科技发明的高中生提供参考。其中2017年出版的第一本高中生创造力培养课程学习用书《高中生创造力培养之基础篇》重点介绍了3D技术、3D绘图软件之123D Design及其建模方法，让学生自己的发明创造创意更生动地表达出来。本书将为读者介绍更加专业的3D绘图软件之SolidWorks，可以让学生绘制出更加复杂及工业化的3D图形，满足学生在发明创造过程中对特殊外壳和工业化的关键零件的绘制及制造。

本书共分为四章：第一章是SolidWorks软件学习（一），第二章是SolidWorks软件学习（二），第三章是3D打印，第四章是SolidWorks应用案例。

本书的第一章和第二章是学习与 SolidWorks 软件相关的具体知识和操作技能。第一章学习如何使用基本操作命令在二维平面内绘制图形，这对于后续内容的学习至关重要，学好第一章可以为第二章的学习打下坚实的基础。第二章学习如何在已经绘制好的二维平面图形上使用特征命令完成三维建模，掌握如何从二维平面图形过渡到三维模型是 SolidWorks 软件知识学习的核心内容之一，灵活运用第二章的特征命令，加上天马行空的想象力，可以巧妙地建造精美的 3D 模型。第三章对通用切片软件 Cura 和 3D 打印机做了基本的介绍，基本可以满足入门学习者的学习需求。第四章以创意作品图形设计、发明作品图形设计及灯笼设计与制作三类案例去展示 SolidWorks 软件在学生发明创造设计与制作及劳动学科教学的应用，为学生参加科技竞赛及教师教育教学提供帮助及参考。《高中生创造力培养课程之 SolidWorks 篇》可以作为高中科技智能制造类课程、劳动科技课程等课程读本以供使用，也可以为喜欢三维建模的学生和对科技发明感兴趣的高中生提供知识技能学习的参考。

笔者是本书著者之一，为广东实验中学创新人才培养部副主任，也是省、市劳动教育专委会常务理事，具有非常丰富的课程开发经验，负责第一、二、四章内容。另一位著者黄颖老师是广东实验中学科技创新主教练，负责第三章内容。

由于编写经验不够丰富，书中可能有不足或疏漏之处，敬请广大读者发邮件到 229105023@qq.com 批评指正，著者将感激不尽，并认真学习。

王 剑

2025 年 4 月 15 日

目 录

第一章　SolidWorks 软件学习（一） …………………………………… 1

　　第一节　SolidWorks 软件概述 ………………………………………… 1
　　第二节　用户界面介绍 ………………………………………………… 2
　　第三节　草图绘制 ……………………………………………………… 10
　　第四节　草图编辑 ……………………………………………………… 34
　　第五节　草图约束 ……………………………………………………… 53

第二章　SolidWorks 软件学习（二） …………………………………… 62

　　第一节　实体建模命令 ………………………………………………… 62
　　第二节　实体编辑命令 ………………………………………………… 82

第三章　3D 打印 ………………………………………………………… 107

　　第一节　切片软件 ……………………………………………………… 107
　　第二节　3D 打印机 …………………………………………………… 114

第四章　SolidWorks 应用案例 ·················· 128

第一节　创意作品图形设计 ·················· 128
第二节　发明作品图形设计 ·················· 136
第三节　SolidWorks 灯笼设计与制作 ············ 143

第一章　SolidWorks 软件学习（一）

本章主要学习 SolidWorks 软件的基本知识，包括软件的介绍及其特点、用户界面介绍、鼠标及快捷键操作、草图绘制命令、草图编辑命令、尺寸标注及几何关系等，是对基本操作命令的介绍和二维平面绘图的介绍，也是学习第二章实体建模的基础。

‖ 第一节　SolidWorks 软件概述 ‖

一、软件介绍

于 1993 年成立的 SolidWorks 公司，在 1995 年成功推出了第一个 SolidWorks 三维机械设计软件。SolidWorks 软件是世界上第一个基于 Windows 开发的三维 CAD 系统，其图标如图 1-1-1 所示。对于熟悉 Microsoft 的 Windows 系统的用户，基本可以快速地熟悉 SolidWorks 软件。它采用的是智能化的参变量式设计理念及 Windows 系统图形化用户界面，操作灵活，运行速度快，设计过程较简单便捷，因此也被称为"三维机械设计方案的领先者"，设计者可以利用 SolidWorks 软件更快速地进行产品建模，模拟工程系统，加速产品的设计和生产周期，从而高效完成产品的制造。

图 1-1-1　SolidWorks 软件图标

二、软件特点

SolidWorks 软件组件众多，功能强大、易学易用和技术创新是其三大特点，这使得 SolidWorks 软件能使用户获得领先的、主流的三维 CAD 解决方案。它能够自动捕捉设计意图和引导设计修改，并提供全面的三维机械设计方案，减少设计者在设计过程中的错误以及提高产品质量，是一个非常灵活的三维机械设计软件。

三、软件应用

SolidWorks 软件应用非常广泛，可以说，任何三维设计产品都可以在 SolidWorks 软件中设计出来。目前，SolidWorks 软件已经在航空航天、医疗、交通、汽车、船舶、机械设备、电子等行业广泛应用。

第二节　用户界面介绍

双击 SolidWorks 软件快捷方式图标，启动软件，等待加载插件，会弹出欢迎对话框，如图 1-2-1 所示，点击选择新建零件模板进入即可。

欢迎对话框可以提供便捷的方式打开最近查看过的文档、文件夹，也可直接新建模板进入操作。

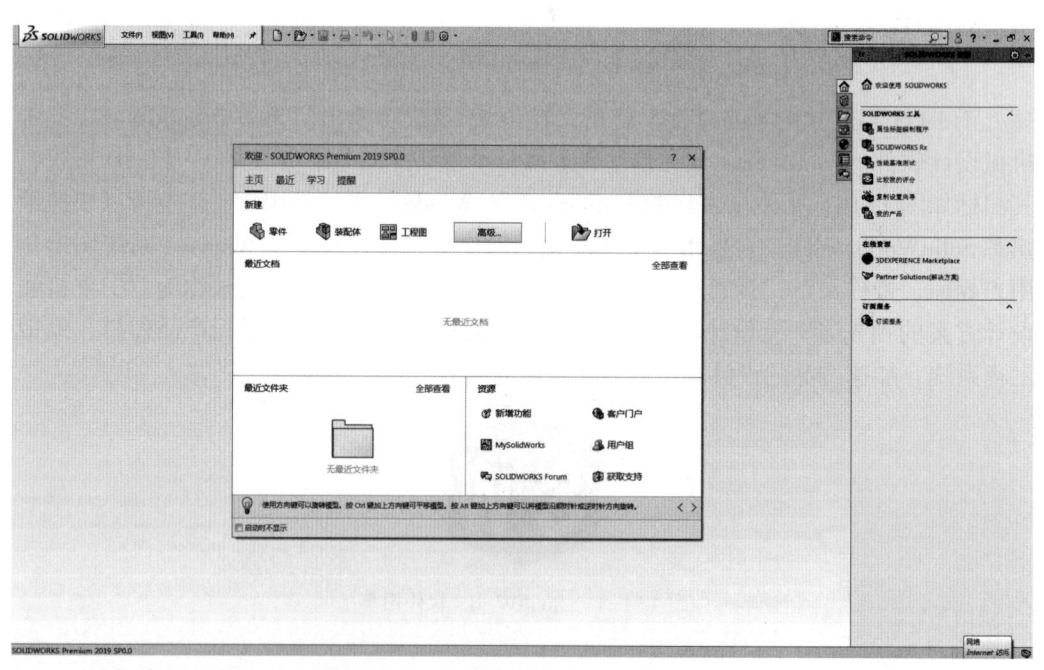

图 1-2-1

当不小心关闭欢迎对话框时，可以按住 Ctrl+N 键弹出新建 SolidWorks 文件窗口，或点击用户界面顶部左上角的 SolidWorks 徽标选择文件新建，窗口共有三个模板可以选择，分别是零件模板、装配体模板和工程图模板，选择零件模板，点击确定进入，如图 1-2-2 所示。

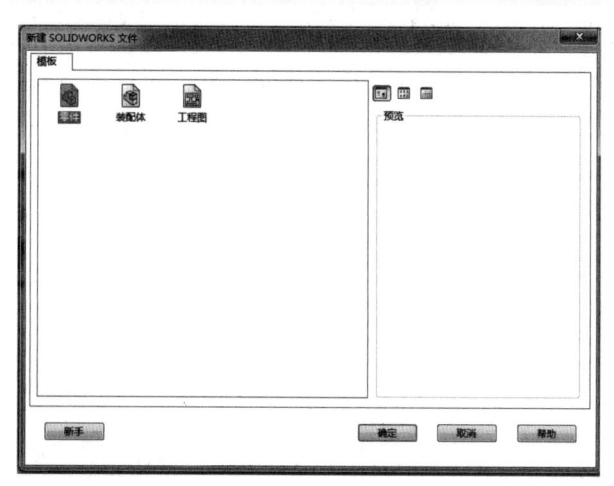

图 1-2-2

一、界面介绍

零件模板主要由菜单栏、工具栏、设计树、前导视图窗口、任务窗口、绘图区、状态栏七部分组成，如图 1-2-3 所示。

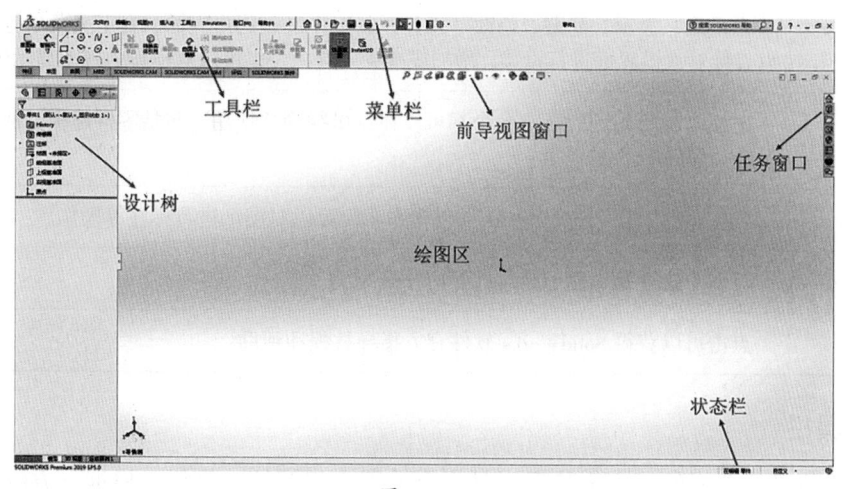

图 1-2-3

1. 菜单栏

菜单栏位于用户界面的最上方，包含 SolidWorks 菜单栏、快速访问工具栏、SolidWorks 搜索和帮助菜单等，如图 1-2-4 所示。

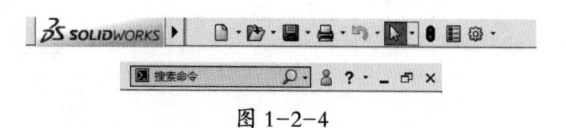

图 1-2-4

当鼠标移动到 SolidWorks 徽标上或点击它时，菜单可见，点击 ★ 固定菜单，使其一直可见，★ 变成蓝色。菜单被固定时，快速访问工具栏将移到右侧。其中，常用的功能有新建、打开、保存、打印等，如图 1-2-5 所示。

图 1-2-5

菜单栏功能选项介绍见表 1-2-1。

表 1-2-1　菜单栏功能选项介绍

菜单选项	说明
文件	有新建、打开、关闭、保存、打印、发送、自定义菜单等选项。需要注意的是要区分新建、从零件制作工程图和从零件制作装配体这三个选项。 新建指新建零件、装配体或工程图中的任意一个模板。 从零件制作工程图指新建工程图模板。 从零件制作装配体指新建装配体模板。 自定义菜单可以显示或隐藏菜单选项。
编辑	有无法撤销、选择所有、剪切、复制、粘贴、删除、重建模型、退回压缩、草图、外观、自定义菜单等命令，可以在草图绘制或模型建模时使用这些命令。
视图	有重画、显示、隐藏、修改、工具栏、工作区、用户界面、自定义菜单等选项，可以直接对建模界面进行设置，增加或减少工具栏，也可以对模型的视图显示进行修改。
插入	建模时需要用到的所有命令都可以在这里找到并使用，包括零件建模、曲面建模、钣金、焊件等。
工具	含有草图工具、SolidWorks 插件等命令，可以对图纸进行标注等操作。
窗口	对多个建模操作显示界面进行均分排列。
帮助	点击可以获得 SolidWorks 软件官方指导教程和帮助。

2. 工具栏

工具栏位于菜单栏的正下方位置，是一个上下文相关的工具栏，根据下方的功能选项卡选择进行上方的命令动态更新，功能选项卡包含特征、草图、曲面、钣金、焊件、评估等，如图 1-2-6 所示。将鼠标光标放置在任意功能选项卡上，点击鼠标右键自定义勾选即可设置隐藏和显示选项卡。其中，使用比较多的是特征选项卡和草图选项卡。

图 1-2-6

需要注意的是，初学者一定要勾选使用带有文本的大按钮，否则工具栏将只有图标没有文字说明，如图1-2-7所示。

图1-2-7

3. 设计树

设计树位于用户界面的左侧，以树的形式显示模型结构，几乎包含了所有设计信息，如图1-2-8所示，它提供激活零件、装配体或工程图的大纲视图，可以更容易地观阅模型或装配体如何建造以及检查工程图中的各个图纸和视图。通过鼠标左键点击选择顶部的选项卡，可以在FeatureManager设计树、PropertyManager属性管理器、ConfigurationManager配置管理器、DimXpertManager标注专家管理器、DisplayManager外观管理器和各插件选项卡之间进行切换。其中，使用比较多的是FeatureManager设计树和PropertyManager属性管理器。FeatureManager设计树可以显现出每一步操作，从原点开始往下看，每一步的草图绘制和特征命令等都会按照设计者操作的先后顺序体现出来，点击任意一个步骤，绘图区的模型就会显示出这一步骤做了些什么。PropertyManager属性管理器可以为许多SolidWorks命令设置属性和其他选项（见表1-2-2）。

图1-2-8

表1-2-2　FeatureManager设计树常用功能介绍

功能	说明
选择项目	可以通过鼠标左键点击FeatureManager设计树的模型中显示的名称选择基准面、原点、特征、草图等。
确认和更改顺序	可以在FeatureManager设计树中拖动项目来重新调整特征的生成顺序，这将更改重建模型时特征重建的顺序。
显示特征的尺寸	可以通过鼠标左键双击特征的名称来显示特征的尺寸。
更改项目的名称	在显示的名称上用鼠标左键缓慢点击两次选择该名称，然后输入新的名称以更改项目的名称。
查看父子关系	可以用鼠标右键单击特征，然后选择父子关系以查看父子关系。
压缩和解除压缩	可以对零件特征与装配体零部件进行压缩和解除压缩操作。

续上表

操纵控制棒	把鼠标放置在 FeatureManager 设计树最下边的那条线，这条线叫控制棒，当鼠标变成一个手型时，按住鼠标左键将控制棒往上拉，可以退回模型早期的一个状态，这时可以增加新的特征或重新编辑修改已有的特征，如图1所示。

图 1

4. 前导视图窗口

前导视图窗口位于工具栏的下方，绘图区的正上方位置，主要是对模型的视图操作，对视觉感官有很大的影响，例如整屏显示全图、局部放大、剖面视图、关于模型的面或线条的显示或隐藏、编辑模型外观等操作，如图1-2-9所示。也可以在前导视图窗口中自定义添加按钮，点击菜单栏的工具选择自定义，选择命令选项卡，选择右侧的按钮将其拖动至前导视图窗口，要移除按钮则将其拖回即可，如图1-2-10所示。

图 1-2-9

图 1-2-10

5. 任务窗口

任务窗口位于用户界面的右侧，包含 SolidWorks 资源，设计库，文件探索器，视图调色板，外观、布景和贴图，自定义属性等。具备查找和使用 SolidWorks 文件、直接调用现有的标准文件库、访问电脑的文件、在工程图加入注解、对模型进行渲染操作、改变绘图区背景颜色、自定义属性标签编制程序、进入 SolidWorks 论坛分享信息等功能，如图 1-2-11 所示。

图 1-2-11

6. 绘图区

绘图区位于用户界面的中心位置，也是草图绘制和建模的主要绘图位置，它可以单一视图呈现，也可以二视图、四视图呈现，多个窗口可以层叠或平铺的形式呈现，在菜单栏的窗口选项可以进行设置。模型原点显示为蓝色，代表模型的（0，0，0）坐标。当正处于草图绘制状态时，草图原点显示为红色，代表草图的（0，0，0）坐标，右上角会显现出蓝色和红色按钮，蓝色的是退出草图提示按钮，通过点击可以结束并接受当前的操作命令；红色的是删除草图按钮，通过点击可以丢弃当前的操作命令。左下角的坐标轴是参考三重轴，可以用来更改视图方向，例如旋转或移动模型，也可以用鼠标操作，通过按住鼠标滚轮并移动鼠标的方式旋转和移动模型，如图 1-2-12 所示。

图 1-2-12

想要更改绘图区的背景颜色，有两种方法。第一种是在用户界面顶部的快速访问工具栏选择 ⚙ 选项，在系统选项里选择颜色，在颜色方案设置中选择视区背景，点击右侧的编辑进入颜色选择，确定后返回，背景外观勾选素色（视区背景颜色在上），确定后可以发现绘图区已更改成其他颜色，如图 1-2-13 所示。

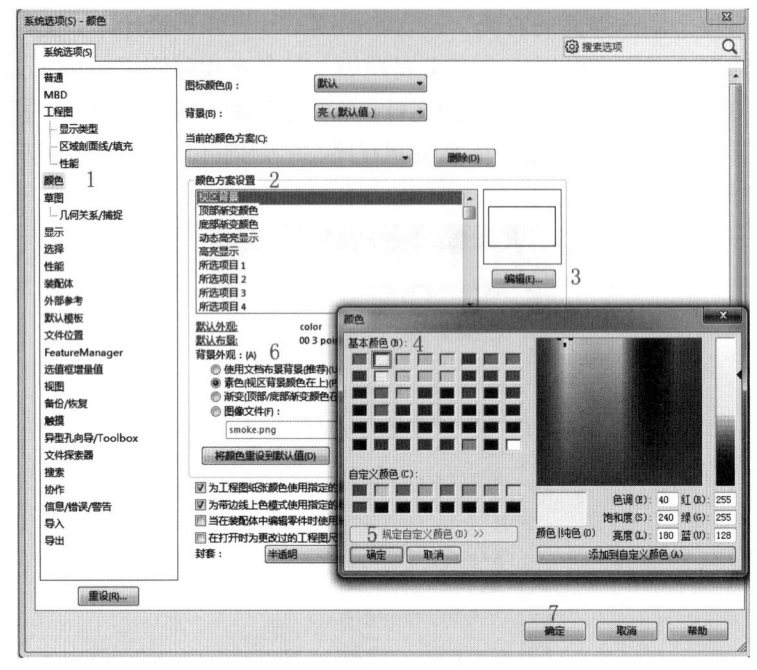

图 1-2-13

第二种是在任务窗口选择外观、布景和贴图选项，选择布景中的基本布景，双击想要的布景或将布景拖放至绘图区的任意一处即可更改背景颜色，如图 1-2-14 所示。

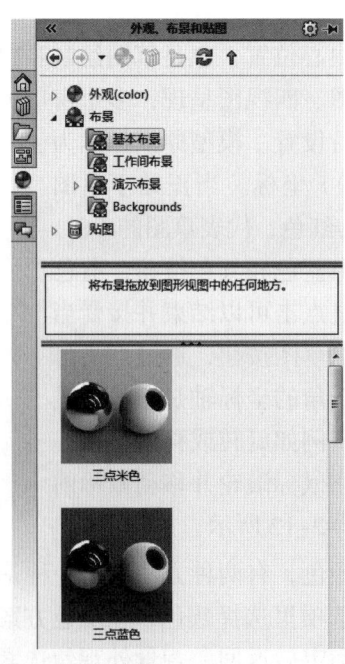

图 1-2-14

7. 状态栏

状态栏位于用户界面的最下方位置，可以实时提供提示性的信息，使用某个命令时，会提示下一步应该如何操作，引导建模操作，也会实时显示当前的软件版本、鼠标位置坐标、建模环境、草图状态和长度单位等。在进入草图绘制状态前，可以在状态栏的自定义选项先将长度单位设定为厘米，CGS 是指"厘米、克、秒"，如图 1-2-15 所示。

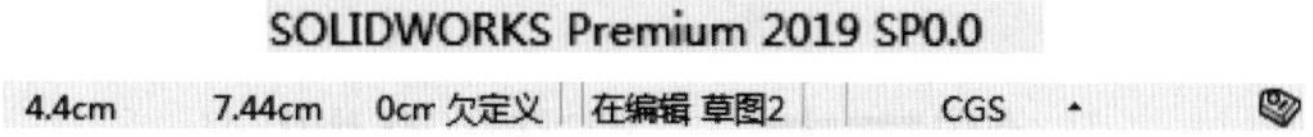

图 1-2-15

二、鼠标及快捷键操作

鼠标和快捷键在 SolidWorks 软件建模时应用的频率非常高，可以快速实现多个命令（见表 1-2-3、表 1-2-4），熟练运用可以加快建模设计的速度。

表 1-2-3　关于鼠标的操作说明

操作	说明
点击鼠标左键	选择草图、模型。
按住鼠标左键并移动	框选草图、模型。
点击鼠标右键	弹出快捷菜单栏。
按住键盘 Ctrl 键，同时按住鼠标滚轮并移动	平移草图、模型。
滑动鼠标滚轮	放大/缩小草图、模型。（鼠标光标放置的地方放大/缩小）
按住鼠标滚轮并移动鼠标	旋转草图、模型。
按住鼠标右键往上、下、左、右方移动	鼠标笔势，可以快速选择命令或者视图操作。

表 1-2-4　关于快捷键的操作说明

操作	说明
Ctrl + C/V/X/S/O/A	复制/粘贴/剪切/保存/打开新文件/全选。
Enter 回车	确定。
Esc 退出	退出命令。
Delete 删除	删除草图、模型。
空格键	更改视图方向、视图窗口。

小结

SolidWorks 软件用户界面简洁明了，用户可以很直观地查看各种命令的位置，也可以根据喜好设置界面命令，其功能十分强大，是一个非常值得学习的三维建模学习软件。

第三节　草图绘制

一、基础知识

1. 进入草图

双击打开 SolidWorks 软件，在弹出的欢迎对话框中点击新建零件，如图 1-3-1 所示，即可进入零件模板界面，如图 1-3-2 所示。点击功能选项卡区的草图工具栏的草图绘制，如图 1-3-3 所示，绘图区会出现系统默认的三个基准面，分别是前视基准面、上视基准面和右视基准面，将鼠标移至绘图区空白处，按住鼠标滚轮慢慢移动鼠标旋转基准面视图，如图 1-3-4 所示，点击前视基准面进入草图绘制。零件的初始草图绘制就是从默认的基准面开始的。

图 1-3-1

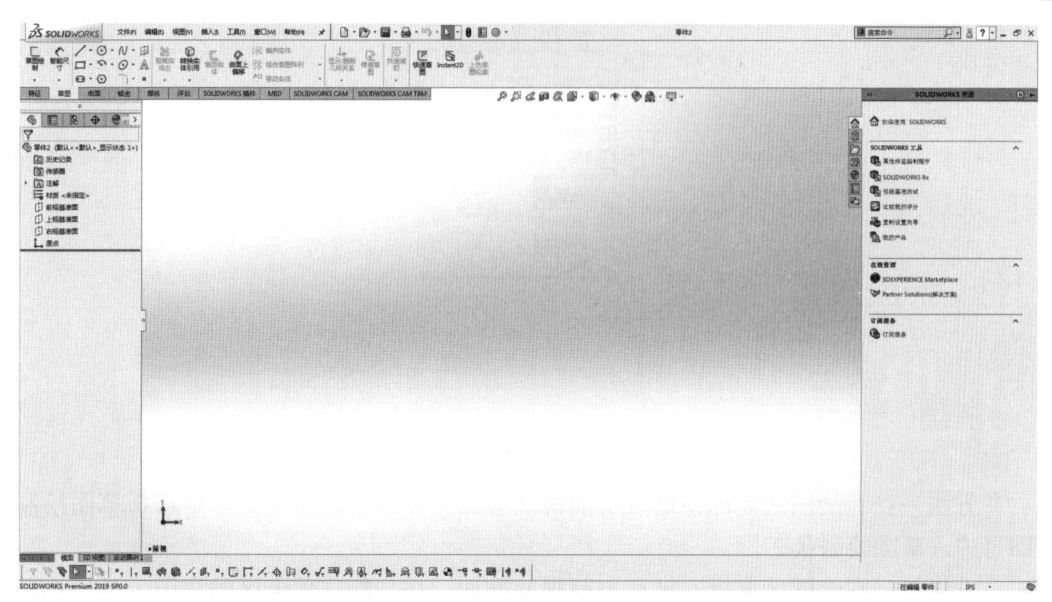

图 1-3-2

图 1-3-3

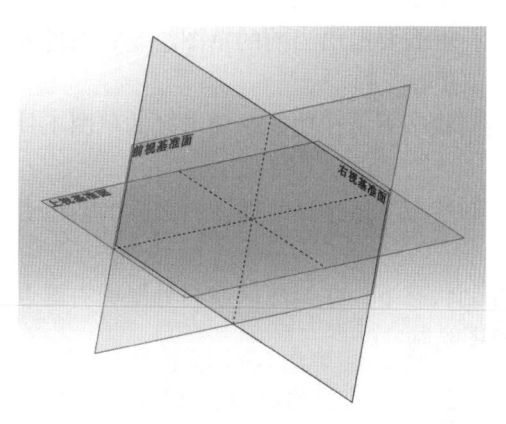

图 1-3-4

进入草图绘制状态的操作方法主要有四种，以下以前视基准面为例。当进入零件模板时，鼠标左键点击 FeatureManager 设计树中的前视基准面，点击弹出的工具栏的显示选项，如图 1-3-5 所示，即可显示前视基准面，再次点击即可隐藏前视基准面。

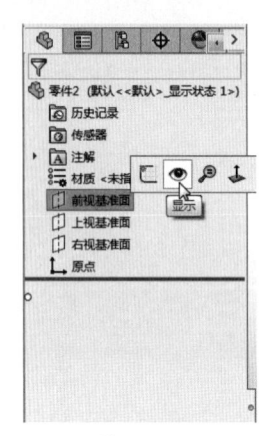

图 1-3-5

方法一：在绘图区鼠标左键点击前视基准面，在弹出的快捷菜单中选择草图绘制即可进入草图绘制状态。

方法二：在绘图区鼠标左键点击前视基准面，在功能选项卡区的草图工具栏选择草图绘制即可进入草图绘制状态。

方法三：在功能选项卡区的草图工具栏点击草图绘制，在绘图区鼠标左键点击选择前视基准面即可进入草图绘制状态。

方法四：在 FeatureManager 设计树点击选择前视基准面，在功能选项卡区的草图工具栏选择草图绘制即可进入草图绘制状态。

2. 退出草图

一般来说，零件是由多个草图生成多个特征形成的，只有一个基准面往往是难以完成零件的绘制。这时，就需要退出当前的草图绘制状态进入其他草图绘制。退出草图绘制状态的操作方法主要有三种。

方法一：在草图绘制状态下，在功能选项卡区的草图工具栏点击选择退出草图即可退出草图绘制。

方法二：在草图绘制状态下，选择绘图区右上方的蓝色退出草图提示按钮即可退出草图绘制。

方法三：在草图绘制状态下，在绘图区空白处鼠标右键点击弹出的快捷菜单中选择退出草图即可退出草图绘制。

二、草图绘制命令

位于功能选项卡区的草图工具栏，如图 1-3-6 所示，工具栏中包括草图绘制命令、草图编辑命令和其他命令。

接下来将介绍所有草图绘制命令，如绘制直线、绘制圆、绘制样条曲线、绘制矩形、绘制圆弧、绘制椭圆、添加草图文字、绘制槽口、绘制多边形、绘制点等。草图绘制命令必须在进入草图绘制的状态下使用。

图 1-3-6

1. 绘制直线

直线命令可以通过点击草图工具栏的直线,或在工具菜单栏选择草图绘制实体,再选择直线进入,鼠标光标会变成铅笔并带有直线的状态。

绘制直线操作步骤:

(1)进入直线命令,在绘图区点击鼠标左键作为直线的起点,移动鼠标再次点击作为直线的终点,如图 1-3-7 所示,最后点击鼠标右键选择快捷菜单中的选择选项退出直线命令,即可完成一条直线的绘制。

(2)如果需要绘制连续的直线,可以在绘制完一条直线后不退出直线命令,移动鼠标再次点击左键作为连续直线的终点,重复操作可以绘制多条连续的直线,如图 1-3-8 所示,最后点击鼠标右键选择快捷菜单中的选择选项退出直线命令,即可完成连续直线的绘制。

(3)绘制直线时,光标的右侧会实时出现直线的长度。

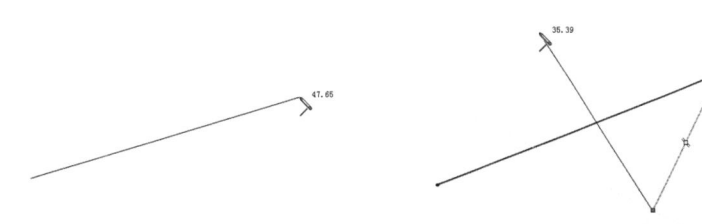

图 1-3-7 绘制直线　　图 1-3-8 绘制连续直线

绘制中心线与绘制直线操作步骤相似,其属性管理器也大致相同,只是在选项中会默认勾选作为构造线。构造线是草图里面的构造元素,参与建模但不是模型的轮廓,相当于辅助线。

在绘制直线时,可在插入线条属性管理器中更改相关参数或进行相关操作,如表 1-3-1、图 1-3-9 所示。

表 1-3-1　插入线条属性管理器相关参数及操作含义

相关参数及操作	含义
按绘制原样	指以指定的两点绘制直线。
水平	以水平方向绘制直线,并带有水平符号━。

续上表

相关参数及操作	含义
竖直	以竖直方向绘制直线，并带有竖直符号❚。
角度	指以特定的角度绘制直线。点击角度绘制直线时，默认添加尺寸，伴有角度和长度标注。但处于竖直和水平方向时，只有长度，没有角度。
作为构造线	当勾选时，将实体转换为构造几何线。
无限长度	当勾选时，可以绘制一条无限长度的直线。
中点线	当勾选时，可以绘制带有中点的直线。 中点线操作步骤： （1）中点线命令可以通过点击草图工具栏的直线命令右侧下拉选项，或在工具菜单栏选择草图绘制实体，再选择中点线进入。 （2）在绘图区点击鼠标左键作为中点线的中点，移动鼠标再次点击作为中点线的其中一端点，如图1所示，最后点击鼠标右键选择快捷菜单中的选择选项退出中点线命令，即可完成一条带有中点的直线绘制。 （3）如果需要绘制连续的中点线，可以在绘制完一条中点线后不退出中点线命令，移动鼠标再次点击左键作为连续中点线的终点，重复操作可以绘制多条连续的中点线，如图2所示，最后点击鼠标右键选择快捷菜单中的选择选项退出中点线命令，即可完成连续中点线的绘制。 图1 绘制中点线　　　　图2 绘制连续中点线

图 1-3-9

2. 绘制圆

圆命令可以通过点击草图工具栏的圆，或在工具菜单栏选择草图绘制实体，再选择圆进入，光标会变成铅笔并带有圆的状态。

绘制圆操作步骤：

（1）进入圆命令，在绘图区点击鼠标左键确定圆心，移动鼠标再次点击确定圆的半径，如图 1-3-10 所示，最后点击圆属性管理器左上角的"√"退出圆命令，即可完成圆的绘制。

（2）绘制圆时，光标的右侧会实时出现半径的长度。

周边圆命令可以通过点击草图工具栏的圆命令右侧下拉选项，或在工具菜单栏选择草图绘制实体，再选择周边圆进入。

绘制周边圆操作步骤：

（1）进入周边圆命令，在绘图区点击鼠标左键确定圆上一点，移动鼠标再次点击确定圆的另一点，接着移动鼠标点击确定圆的第三点，如图 1-3-11 所示，最后点击圆属性管理器左上角的"√"退出周边圆命令，即可完成周边圆的绘制。

（2）绘制周边圆时，鼠标光标的右侧会实时出现半径的长度。

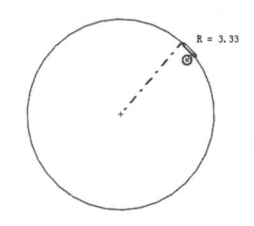

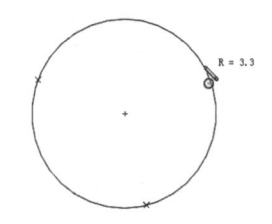

图 1-3-10　绘制圆　　　　图 1-3-11　绘制周边圆

在绘制圆时，可在圆属性管理器中更改相关参数或进行相关操作，如表 1-3-2、图 1-3-12 所示。

表 1-3-2　圆属性管理器相关参数及操作含义

相关参数及操作	含义
	圆，指基于中心的圆。
	周边圆，指基于周边的圆。
	设定圆心的 X 坐标。 设定圆心的 Y 坐标。
	设定圆的半径。

15

图 1-3-12

圆绘制完成后，按住圆心移动鼠标可以移动圆的位置，圆的大小不改变。按住圆弧移动鼠标可以在圆心位置固定的情况下放大或缩小圆。

3. 绘制样条、样式、方程式驱动曲线

样条曲线命令分为样条曲线、样式曲线和方程式驱动的曲线三种。样条曲线命令可以通过点击草图工具栏的样条曲线，或在工具菜单栏选择草图绘制实体，再选择样条曲线进入，光标会变成铅笔并带有曲线的状态。

绘制样条曲线操作步骤：

进入样条曲线命令，在绘图区点击鼠标左键并移动确定多个点绘制一条光滑的曲线，如图 1-3-13 及图 1-3-14 所示，最后双击鼠标左键完成样条曲线的绘制。

图 1-3-13　绘制样条曲线（1）　　图 1-3-14　绘制样条曲线（2）

在绘制样条曲线时，可在样条曲线属性管理器中更改相关参数或进行相关操作，如表 1-3-3、图 1-3-15 及图 1-3-16 所示。

表 1-3-3　样条曲线属性管理器相关参数及操作含义

相关参数及操作	含义
⊥	框内会显示草图绘制过程中自动推理的几何关系或使用添加几何关系手动生成的几何关系。

续上表

相关参数及操作	含义
（信息图标）	显示所选草图实体的状态（完全定义、欠定义等）。
（固定图标）	几何关系的其中一种。选中样条曲线点击固定，现有几何关系框将显示曲线具有固定的几何关系，并显示完全定义状态，此时曲线呈黑色，且位置不能拖动，不可更改。
作为构造线	当勾选时，将实体转换为构造几何线。
显示曲率	当勾选时，即为显示曲率梳形图。可进入曲率比例属性管理器通过移动滑杆来调整曲率梳形图的大小和密度。在绘图区拖动样条曲线且其曲率变更时，梳形图形状大幅度更改。
保持内部连续性	指保持样条曲线的内部曲率。当勾选时，曲率比例逐渐减小，且不能更改相切重量。
（控制点数图标）	指样条曲线控制点数。选择点时，在曲线中高亮显示所选样条曲线点。
（X、Y坐标图标）	指定样条曲线点的 X 坐标。 指定样条曲线点的 Y 坐标。
（左相切图标）	指相切重量，当取消勾选保持内部连续性且勾选相切驱动时，可以通过修改样条曲线型值点处的样条曲线曲率度数来控制左相切向量。
（右相切图标）	指相切重量，当取消勾选保持内部连续性且勾选相切驱动时，可以通过修改样条曲线型值点处的样条曲线曲率度数来控制右相切向量。
（径向图标）	指相切径向方向，当勾选相切驱动时，可以通过修改相对于 X、Y 或 Z 轴的样条曲线倾斜角度来控制相切方向。
相切驱动	当勾选时，可以使用相切重量和相切径向方向来激活样条曲线控制。
重设此控标	将所选样条曲线控标重返到其初始状态。
重设所有控标	将所有样条曲线控标重返到其初始状态。
弛张样条曲线	绘制样条曲线并显示控制多边形时，可拖动控制多边形上的任何节点以更改其形状，如果拖动引起样条曲线不平滑，可点击弛张样条曲线将形状重新参数化（平滑）。
成比例	当勾选时，拖动端点时保留样条曲线形状，整个样条曲线会按比例调整大小。

图 1-3-15 　　　　　　　图 1-3-16

　　绘制样式曲线与绘制样条曲线操作步骤相似，但形成的曲线效果不同，在绘图区确定的点除第一个和最后一个为样式曲线的端点外，其余为样式曲线的控制点，如图 1-3-17 及图 1-3-18 所示。

图 1-3-17　绘制样式曲线（1） 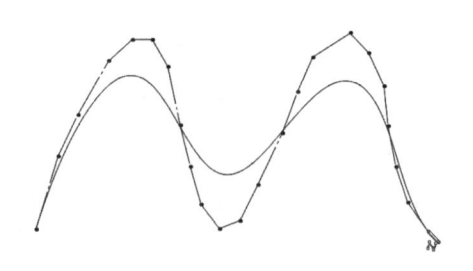　　　　图 1-3-18　绘制样式曲线（2）

　　在绘制样式曲线时，可在样式曲线属性管理器中更改相关参数或进行相关操作，如表 1-3-4、图 1-3-19 及图 1-3-20 所示。

表 1-3-4　样式曲线属性管理器相关参数及操作含义

相关参数及操作	含义
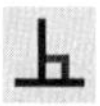 ⊥	框内会显示草图绘制过程中自动推理的几何关系或使用添加几何关系手动生成的几何关系。
 ⓘ	显示所选草图实体的状态（完全定义、欠定义等）。
 ⚓	几何关系的其中一种。选中样式曲线点击固定，现有几何关系框将显示曲线具有固定的几何关系，并显示完全定义状态，此时曲线呈黑色，且位置不能拖动，不可更改。
作为构造线	当勾选时，将实体转换为构造几何线。

续上表

相关参数及操作	含义
显示曲率	当勾选时，即为显示曲率梳形图。可进入曲率比例属性管理器通过移动滑杆来调整曲率梳形图的大小和密度。在绘图区拖动样条曲线且其曲率变更时，梳形图形状将大幅度更改。
本地编辑	当勾选时，可以调整控制多边形线段的形状，不影响相邻的样式、样条曲线。
曲线类型	有 4 种曲线类型：贝塞尔曲线、B 样条曲线（度数 3）、B 样条曲线（度数 5）、B 样条曲线（度数 7）。贝塞尔曲线可创建贝塞尔样条曲线。B 样条曲线（度数 3）、B 样条曲线（度数 5）、B 样条曲线（度数 7），可分别创建曲率为 3 度、5 度和 7 度的 B 样条曲线。
曲线度	调整曲线度，可以通过手动插入或删除控制顶点来控制曲线度。
非理性样条曲线	可以创建不可控制顶点的非理性样条曲线。
理性样条曲线	可以创建可控制顶点的理性样条曲线。
⋏#	指控制顶点数量，可以显示 B 样条曲线可用的控制顶点的数量。选择点时，在曲线中高亮显示所选样式曲线控制点。
⋏ ⋏	指定样式曲线点的 X 坐标。 指定样式曲线点的 Y 坐标。
控制顶点重量	仅限理性样条曲线，通过增加或减少控制顶点的重量来对样条曲线塑形。

图 1-3-19　　　　　　图 1-3-20

绘制方程式驱动的曲线是通过输入曲线的方程式来生成曲线的。绘制方程式驱动的曲线命令可以通过点击草图工具栏的样条曲线命令右侧下拉选项，或在工具菜单栏选择草图绘制实体，再选择方程式驱动的曲线进入。

绘制方程式驱动的曲线操作步骤：

（1）进入方程式驱动的曲线命令，在方程式驱动的曲线属性管理器中选择方程式类型，然后输入参数，如图 1-3-21 及图 1-3-22 所示，绘图区会显示黄色预览效果图生成对应形状的曲线，点击方程式驱动的曲线属性管理器左上角的"√"退出方程式驱动的曲线命令，即可完成方程式驱动的曲线的绘制。

图 1-3-21 　　　　　　　图 1-3-22

（2）图 1-3-23 是方程式类型为显性，$y=x$，$x \in (0, 1)$ 的图象。
图 1-3-24 是方程式类型为参数性，$x=t$，$y=t^2$，$x \in (0, 1)$ 的图象。

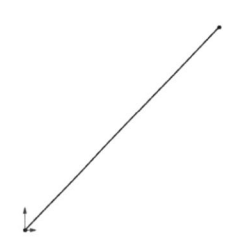

图 1-3-23　$y=x$ 方程式图象 　　　　图 1-3-24　$y=x^2$ 方程式图象

在绘制方程式驱动的曲线时，可在方程式驱动的曲线属性管理器中更改相关参数或进行相关操作，如表 1-3-5、图 1-3-25 及图 1-3-26 所示。

表 1-3-5　方程式驱动的曲线属性管理器相关参数及操作含义

相关参数及操作	含义
y_x	输入 y 是 x 的函数。
x_1	设定 x_1 的取值范围，开始值。
x_2	设定 x_2 的取值范围，结束值。
x_t	输入 x 是 t 的函数。
y_t	输入 y 是 t 的函数。
t_1	设定 t_1 的取值范围，开始值。
t_2	设定 t_2 的取值范围，结束值。
 🔒	起点或终点被固定。

续上表

图 1-3-25 　　　　　　　图 1-3-26

4. 绘制矩形

矩形命令分为边角矩形、中心矩形、3 点边角矩形、3 点中心矩形和平行四边形五种。矩形命令可以通过点击草图工具栏的矩形，或在工具菜单栏选择草图绘制实体，再选择矩形进入，光标会变成铅笔并带有矩形的状态。

绘制矩形操作步骤：

（1）进入矩形命令，在矩形属性管理器中选择要绘制的矩形类型，以下以边角矩形和中心矩形为例。

（2）在绘图区点击鼠标左键确定矩形的一个顶点或中心点，移动鼠标再次点击确定矩形的大小，如图 1-3-27 及图 1-3-28 所示，最后点击矩形属性管理器左上角的"√"退出矩形命令，即可完成矩形的绘制。

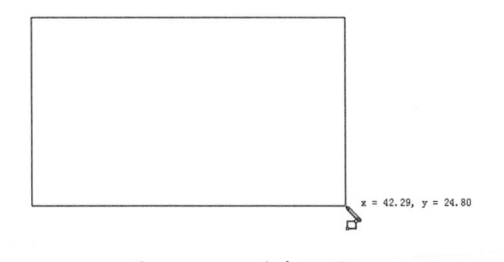

图 1-3-27　边角矩形 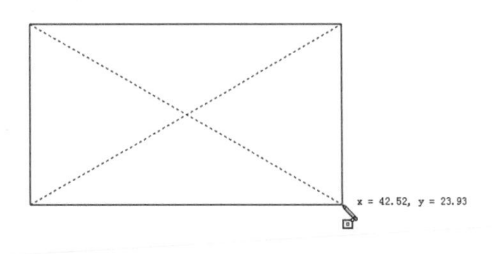　　　　　　　图 1-3-28　中心矩形

在绘制矩形时，可在矩形属性管理器中更改相关参数或进行相关操作，如表 1-3-6、图 1-3-29 所示。

表 1-3-6 矩形属性管理器相关参数及操作含义

相关参数及操作	含义
(边角矩形图标)	边角矩形，分别确定矩形的两个对角绘制标准矩形。
(中心矩形图标)	中心矩形，分别确定矩形的中心点和其中一个角，从中心绘制矩形。
(3点边角矩形图标)	3点边角矩形，分别确定矩形的三个角，以某角度绘制矩形，可作标准或倾斜的矩形。
(3点中心矩形图标)	3点中心矩形，分别确定矩形的中心点和其中两个角，从中心角度绘制矩形，可作标准或倾斜的矩形。
(平行四边形图标)	平行四边形，分别确定平行四边形的三个角绘制平行四边形，可作菱形。
添加构造性直线	当勾选时，可以从边角或从中点添加中心线。
(X Y 坐标图标)	矩形四个角或中心点的 X 坐标。矩形四个角或中心点的 Y 坐标。

图 1-3-29

5. 绘制圆弧

圆弧命令分为圆心/起/终点画弧、切线弧和3点圆弧三种。圆弧命令可以通过点击草图工具栏的圆弧，或在工具菜单栏选择草图绘制实体，再选择圆弧进入，光标会变成铅笔并带有圆弧的状态。

圆心/起/终点画弧操作步骤：

（1）进入圆心/起/终点画弧命令，在绘图区点击鼠标左键确定圆心，移动鼠标再次点击确定圆弧的起点，往起点两侧方向移动确定圆弧方向，接着点击确定圆弧的终点，如图1-3-30所示，最后点击圆弧属性管理器左上角的"√"退出圆弧命令，即可完成圆弧的绘制。

（2）确定圆心绘制圆弧起点时，光标的右侧会实时出现半径的长度；确定起点绘制圆弧终点时，光标的右侧会实时出现圆弧的角度。

绘制3点圆弧与圆心/起/终点画弧操作步骤完全不同，操作步骤是先在绘图区点击鼠标左键确定圆弧的起点，接着移动鼠标再次点击确定圆弧的终点，最后移动鼠标确定圆弧上任意一点完成3点圆弧的绘制，如图1-3-31所示。绘制的同时，光标的右侧会先出现起点与终点连线的直线距离，再出现圆弧的角度和半径。

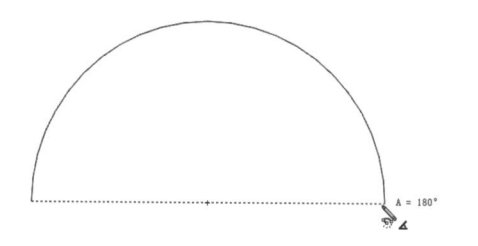

图1-3-30　圆心/起/终点画弧　　　图1-3-31　绘制3点圆弧

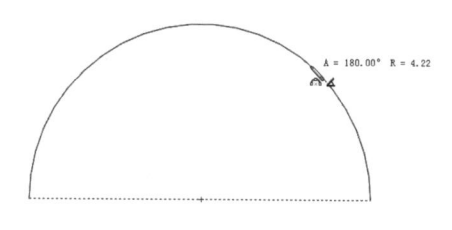

切线弧与普通圆弧不同，它不能单独使用，必须先有一个草图实体的存在才可以绘制切线弧，自带相切关系，这里以直线为例。切线弧命令可以通过点击草图工具栏的圆弧命令右侧下拉选项，或在工具菜单栏选择草图绘制实体，再选择切线弧进入。

绘制切线弧操作步骤：

（1）在绘图区绘制一条直线，如图1-3-32所示，退出直线命令。

（2）进入切线弧命令，点击直线的右端点作为切线弧的起点，移动鼠标确定切线弧的终点，如图1-3-33所示，最后点击圆弧属性管理器左上角的"√"退出圆弧命令，即可完成切线弧的绘制。

（3）确定切线弧起点时，光标的右侧会实时出现半径的长度和圆弧的角度。

图1-3-32　直线草图　　　图1-3-33　绘制切线弧

在绘制圆弧时，可在圆弧属性管理器中更改相关参数或进行相关操作，如表1-3-7、

图 1-3-34 所示。

表 1-3-7　圆弧属性管理器相关参数及操作含义

相关参数及操作	含义
(图标)	圆心/起/终点画弧，分别确定圆弧的圆心、起点和终点 3 点绘制圆弧。
(图标)	切线弧，不能单独使用，必须先有一个草图实体的存在才可以绘制切线弧。
(图标)	3 点圆弧，分别确定圆弧的起点、终点和圆弧上任意一点绘制圆弧。
(图标)	圆弧圆心的 X 坐标。 圆弧圆心的 Y 坐标。
(图标)	圆弧起点的 X 坐标。 圆弧起点的 Y 坐标。
(图标)	圆弧终点的 X 坐标。 圆弧终点的 Y 坐标。
(图标)	设定圆弧的半径。
(图标)	设定圆弧的角度（被圆弧所包容）。

图 1-3-34

圆弧绘制完成后，按住圆心移动鼠标可以移动圆弧的位置，按住圆弧移动鼠标可以更改圆心的位置及圆弧的大小、长度、形状。

6. 绘制椭圆

椭圆命令分为椭圆、部分椭圆、抛物线和圆锥四种。椭圆命令可以通过点击草图工具栏的椭圆，或在工具菜单栏选择草图绘制实体，再选择椭圆进入，光标会变成铅笔并带有椭圆的状态。

绘制椭圆操作步骤：

（1）进入椭圆命令，在绘图区点击鼠标左键确定椭圆的中心，移动鼠标点击左键确定长轴半径，再次移动鼠标点击左键确定短轴半径，如图 1-3-35 所示，最后点击椭圆属性管理器左上角的"√"退出椭圆命令，即可完成椭圆的绘制。

（2）绘制时，光标的右侧会实时出现椭圆长轴 R 和短轴 r 的长度。

绘制部分椭圆与绘制椭圆操作步骤相似，但在点击鼠标确定短轴半径这一步时，仅是作为部分椭圆的起点绘制，移动鼠标再次点击确定部分椭圆的终点，如图 1-3-36 所示，最后点击椭圆属性管理器左上角的"√"退出椭圆命令，即可完成部分椭圆的绘制。

图 1-3-35　绘制椭圆　　　　图 1-3-36　绘制部分椭圆

在绘制椭圆时，可在椭圆属性管理器中更改相关参数或进行相关操作，如表 1-3-8、图 1-3-37 所示。

表 1-3-8　椭圆属性管理器相关参数及操作含义

相关参数及操作	含义
	框内会显示草图绘制过程中自动推理的几何关系或使用添加几何关系手动生成的几何关系。
	显示所选草图实体的状态（完全定义、欠定义等）。
	几何关系的其中一种。选中椭圆点击固定，现有几何关系框将显示曲线具有固定的几何关系，并显示完全定义状态，此时椭圆呈黑色，且位置不能拖动，不可更改。 但当选中部分椭圆点击添加几何关系固定时，部分椭圆圆弧线呈黑色，位置不能拖动，不可更改，圆弧起点和终点呈蓝色，可以通过移动延长或缩短圆弧长度。
作为构造线	当勾选时，将实体转换为构造几何线。
	椭圆中心的 X 坐标。 椭圆中心的 Y 坐标。

续上表

相关参数及操作	含义
	设定长轴的半径。
	设定短轴的半径。
	设定部分椭圆的起点的 X 坐标（仅部分椭圆）。 设定部分椭圆的起点的 Y 坐标（仅部分椭圆）。
	设定部分椭圆的终点的 X 坐标（仅部分椭圆）。 设定部分椭圆的终点的 Y 坐标（仅部分椭圆）。
	设定部分椭圆的起点至终点的夹角角度（仅部分椭圆）。

图 1-3-37

抛物线命令可以通过点击草图工具栏的椭圆命令右侧下拉选项，或在工具菜单栏选择草图绘制实体，再选择抛物线进入，光标会变成铅笔并带有抛物线的状态。

绘制抛物线操作步骤：

（1）进入抛物线命令，在绘图区点击鼠标左键确定抛物线的焦点，移动鼠标再次点击确定抛物线的顶点，如图 1-3-38 所示，此时整条抛物线以虚线的形式全部显示。

（2）在虚线抛物线任意一处点击鼠标左键确定抛物线的起点，再次点击鼠标左键作为抛物线的终点，如图 1-3-39 所示，最后点击抛物线属性管理器左上角的"√"退出抛物线命令，即可完成抛物线的绘制。

（3）在抛物线属性管理器可以更改其焦点、顶点、起/终点的 X、Y 坐标。

图 1-3-38　移动鼠标确定顶点 　　　　　图 1-3-39　移动鼠标确定终点

绘制圆锥和绘制抛物线操作步骤相似，但在绘图区确定四点的顺序是先确定圆锥的起点，再确定终点，然后确定控制点，最后确定顶点。

圆锥属性管理器中的 Rho 值是指顶点 D 到 BC 的垂直距离 DE 与控制点 A 到 BC 的垂直距离 AF 的比值，如图 1-3-40 及图 1-3-41 所示，

$$\text{Rho} = \frac{DE}{AF} = \frac{3}{5} = 0.6。$$

肩部的曲率半径是指顶点 D 的曲率半径。

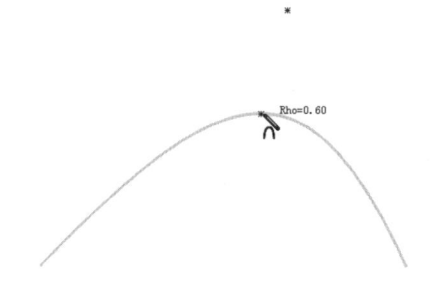

图 1-3-40　绘制圆锥 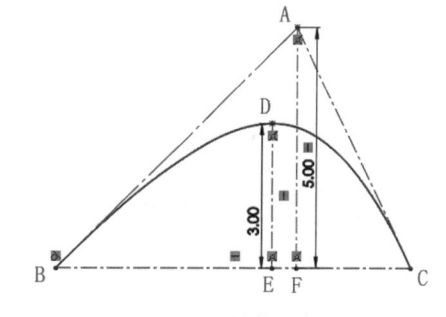　　　　　图 1-3-41　圆锥的 Rho 值

在绘制抛物线时，可在抛物线属性管理器中更改相关参数或进行相关操作，如表 1-3-9、图 1-3-42 及图 1-3-43 所示。

表 1-3-9　抛物线属性管理器相关参数及操作含义

相关参数及操作	含义
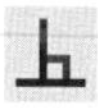 ⊥	框内会显示草图绘制过程中自动推理的几何关系或使用添加几何关系手动生成的几何关系。
 ⓘ	显示所选草图实体的状态（完全定义、欠定义等）。
 ⚓	几何关系的其中一种。选中抛物线点击固定，现有几何关系框将显示曲线具有固定的几何关系，并显示完全定义状态，此时曲线呈黑色，且位置不能拖动，不可更改。
作为构造线	当勾选时，将实体转换为构造几何线。
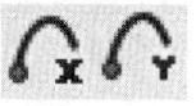 ⌒ ⌒	抛物线起点的 X 坐标。 抛物线起点的 Y 坐标。

续上表

相关参数及操作	含义
⌒x ⌒y	抛物线终点的 X 坐标。 抛物线终点的 Y 坐标。
⌒x ⌒y	抛物线焦点的 X 坐标。 抛物线焦点的 Y 坐标。
⌒x ⌒y	抛物线顶点的 X 坐标。 抛物线顶点的 Y 坐标。
ρ	Rho 值，设定曲线高度与顶点高度的比例（仅圆锥）。
⌒	指肩部的曲率半径，设定沿曲线的肩部点的曲率半径（仅圆锥）。

图 1-3-42　　　　　图 1-3-43

7. 添加草图文字

草图文字可以添加在边线、曲线、草图及草图段上。草图文字命令可以通过点击草图工具栏的草图文字，或在工具菜单栏选择草图绘制实体，再选择文本进入。

在添加草图文字时，需要结合草图文字属性管理器更改相关参数或进行相关操作，如表 1-3-10、图 1-3-44 所示。

表 1-3-10　草图文字属性管理器相关参数及操作含义

相关参数及操作	含义
∽	选择边线、曲线、草图及草图段。
文字框	输入文字，文字将沿着所选边线分布或所选实体出现。
🗐	将草图文字链接到自定义属性，可使用设计表配置文本。
B	文字加粗。

续上表

相关参数及操作	含义
I	文字倾斜。
↻	文字旋转。
≡ ≡ ≡ ≡	四种对齐方式：左对齐、居中、右对齐和两端对齐。
A ⩔	反转，竖直反转。
AB BA	反转，水平反转。
A	宽度因子，按指定的百分比均匀加宽每个字符。
AB	文字间距，按指定的百分比更改每个字符之间的距离。
使用文档字体	当勾选时，则使用文档字体，取消勾选可以点击字体按钮 字体(F)... 设置字体。

图 1-3-44

添加草图文字操作步骤：

（1）在绘图区绘制一条直线，在线条属性管理器中将直线设定为构造线，如图 1-3-45 所示，然后退出直线命令。

（2）选择草图文字命令，在绘图区选择构造线。

（3）在文字框内输入文字"广东实验中学"，此时文字将出现在绘图区所选的构造线上，如图 1-3-46 所示。

（4）设置对齐方式为居中，最后点击草图文字属性管理器左上角的"√"退出草图文字命令，即可完成草图文字的添加。

图 1-3-45　构造线　　　　　图 1-3-46　添加文字

8. 绘制槽口

槽口命令分为直槽口、中心点直槽口、三点圆弧槽口和中心点圆弧槽口四种。直槽口命令可以通过点击草图工具栏的直槽口，或在工具菜单栏选择草图绘制实体，再选择直槽口进入。

绘制直槽口操作步骤：

进入直槽口命令，在绘图区点击鼠标左键分别确定直槽口的两个端点，移动鼠标再次点击确定直槽口的宽度，如图1-3-47所示，最后点击槽口属性管理器左上角的"√"退出槽口命令，即可完成直槽口的绘制。

绘制中心点直槽口与绘制直槽口操作步骤相似，但在绘图区确定三点的顺序为中心点、一侧端点、槽口宽度，如图1-3-48所示。

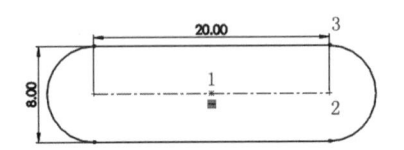

图 1-3-47　直槽口　　　　　图 1-3-48　中心点直槽口

三点圆弧槽口和中心点圆弧槽口需要在绘图区确定四点，三点圆弧槽口确定四点的顺序为圆弧起点、圆弧终点、圆弧上的任意一点、槽口宽度，如图1-3-49所示。中心点圆弧槽口确定四点的顺序为圆弧中心点、圆弧起点、圆弧终点、槽口宽度，如图 1-3-50 所示。

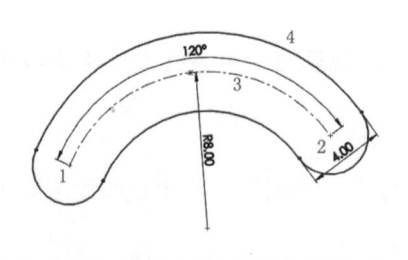

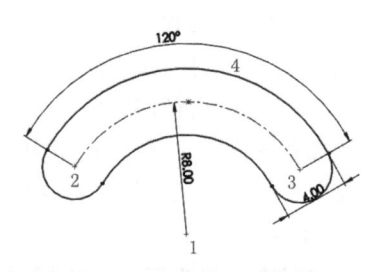

图 1-3-49　三点圆弧槽口　　　　　图 1-3-50　中心点圆弧槽口

在绘制槽口时，可在槽口属性管理器中更改相关参数或进行相关操作，如表 1-3-11、图 1-3-51 所示。

表 1-3-11　槽口属性管理器相关参数及操作含义

相关参数及操作	含义
⬚ (图标)	直槽口，分别确定直槽口的两个端点绘制直槽口。
⬚ (图标)	中心点直槽口，分别确定直槽口的中心点和一个端点绘制直槽口。
⬚ (图标)	三点圆弧槽口，分别确定圆弧的两个端点和圆弧上一点绘制圆弧槽口。
⬚ (图标)	中心点圆弧槽口，分别确定圆弧的中心点和两个端点绘制圆弧槽口。
添加尺寸	当勾选时，即显示直槽口的长度、宽度和圆弧槽口的半径、角度。
⬚ (图标)	以两个中心点之间的距离作为槽口的长度显示。
⬚ (图标)	以槽口的总长度作为槽口的长度显示。
⬚ (图标)	槽口中心点的 X 坐标。 槽口中心点的 Y 坐标。
⬚ (图标)	槽口宽度。
⬚ (图标)	槽口长度。
⬚ (图标)	圆弧槽口的圆弧半径（仅圆弧槽口）。
⬚ (图标)	圆弧槽口的圆弧角度（仅圆弧槽口）。

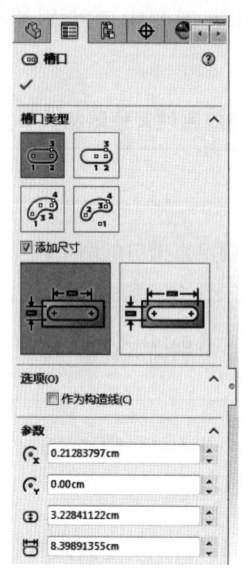

图 1-3-51

9. 绘制多边形

多边形命令可以通过点击草图工具栏的多边形，或在工具菜单栏选择草图绘制实体，再选择多边形进入，光标会变成铅笔并带有多边形的状态。

绘制多边形操作步骤：

（1）进入多边形命令，在多边形属性管理器中输入边数，选择内切圆或外接圆模式。

（2）在绘图区点击鼠标左键确定多边形的中心，移动鼠标再次点击确定多边形的大小，如图 1-3-52 及图 1-3-53 所示，最后点击多边形属性管理器左上角的"√"退出多边形命令，即可完成多边形的绘制。

（3）在绘制多边形时，光标的右侧会实时出现圆心到顶点的距离和旋转角度。

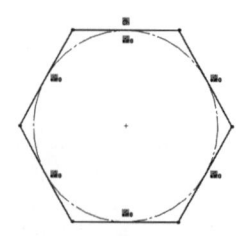

图 1-3-52　内切圆六边形　　　图 1-3-53　外接圆六边形

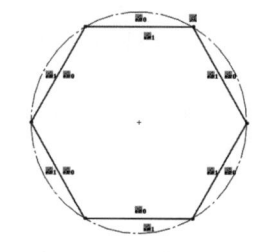

在绘制多边形时，需要结合多边形属性管理器更改相关参数或进行相关操作，如表 1-3-12、图 1-3-54 所示。

表 1-3-12　多边形属性管理器相关参数及操作含义

相关参数及操作	含义
作为构造线	当勾选时，将实体转换为构造几何线。
⬢	边数，多边形边数范围为 3 ~ 40。
内切圆	以内切圆形式生成多边形，圆为构造线。
外接圆	以外接圆形式生成多边形，圆为构造线。
⬡X ⬡Y	多边形中心的 X 坐标。 多边形中心的 Y 坐标。
⬠	内切圆的直径。
⬡	外接圆的直径。
↻ᴬ	多边形的旋转角度。
新多边形	新建一个多边形。

图 1-3-54

10. 绘制点

点命令可以通过点击草图工具栏的点，或在工具菜单栏选择草图绘制实体，再选择点进入，光标会变成铅笔并带有点的状态。

绘制点操作步骤：

（1）进入点命令，在绘图区点击鼠标左键确定点的位置，点击鼠标右键选择快捷菜单中的选择选项退出点命令，即可完成一个点的绘制。

（2）绘制一个点后，不退出点命令，再次点击鼠标左键可以绘制多个点，最后点击鼠标右键选择快捷菜单中的选择选项退出点命令。

在绘制点时，可在点属性管理器中更改相关参数，如表 1-3-13、图 1-3-55 所示。

表 1-3-13　点属性管理器相关参数及操作含义

相关参数及操作	含义
⊥	框内会显示草图绘制过程中自动推理的几何关系或使用添加几何关系手动生成的几何关系。
ⓘ	显示所选草图实体的状态（完全定义、欠定义等）。
⚓	几何关系的其中一种。选中点点击固定，现有几何关系框将显示点具有固定的几何关系，并显示完全定义状态，此时点呈黑色，且位置不能拖动，不可更改。
X　Y	点的 X 坐标。 点的 Y 坐标。

图 1-3-55

小结

本节介绍的草图绘制属于二维平面草图绘制，也是草图编辑和实体建模的基础，重点阐述进退草图绘制方法和运用各草图绘制的命令，可以减少绘制草图时间。

第四节　草图编辑

草图编辑是指在草图绘制的基础上进一步编辑，使其更加符合设计需求。本节将介绍常用的草图编辑命令，如绘制圆角／倒角、剪裁实体、转换实体引用、等距实体、镜向实体、线性／圆周草图阵列、移动／复制／旋转／缩放／伸展实体等。草图编辑命令必须在进入草图绘制的状态下使用。

一、绘制圆角/倒角

绘制圆角需要在原有草图实体上进行绘制，本节以矩形为例。绘制圆角命令可以通过点击草图工具栏的绘制圆角，或在工具菜单栏选择草图工具，再选择圆角工具进入。

绘制圆角操作步骤：

（1）在绘图区绘制一个标准矩形，进入绘制圆角命令。

（2）点击矩形相邻的两条边或点击矩形的任意一个顶点，会出现黄色圆角预览效果图，如图1-4-1所示，将其余三个角进行同样的操作。

（3）点击绘制圆角属性管理器左上角的"√"退出绘制圆角命令，即可完成四个圆角的绘制，如图1-4-2所示。

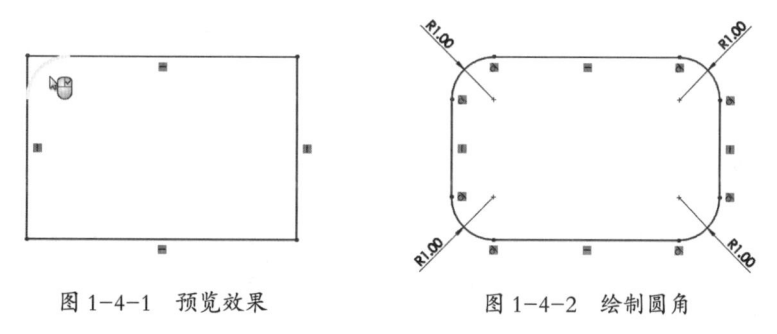

图1-4-1　预览效果　　　　图1-4-2　绘制圆角

在绘制圆角时，可在绘制圆角属性管理器中更改相关参数或进行相关操作，如表1-4-1、图1-4-3所示。

表1-4-1　绘制圆角属性管理器相关参数及操作含义

相关参数及操作	含义
要圆角化的实体	当选中草图实体时，圆角名称会显示在"要圆角化的实体"框内。
圆角参数	设定圆角半径。
保持拐角处约束条件	当勾选时，如果原有草图实体的顶点具有尺寸或几何关系，生成圆角时将保留虚拟交点。
标注每个圆角的尺寸	当勾选时，每个圆角尺寸都会在草图中显示。

图 1-4-3

绘制倒角与绘制圆角操作步骤相同，但形成效果不同。圆角是两条线之间通过圆弧连接，是光滑的；倒角是两条线之间通过直线连接，是有棱角的。如图 1-4-4 及图 1-4-5 所示。

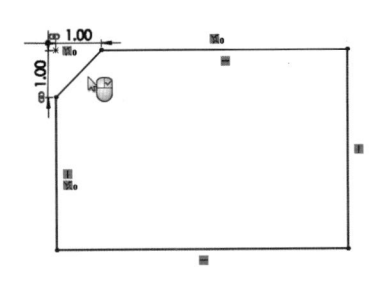

图 1-4-4　绘制倒角 1　　　　　　　图 1-4-5　绘制倒角 2

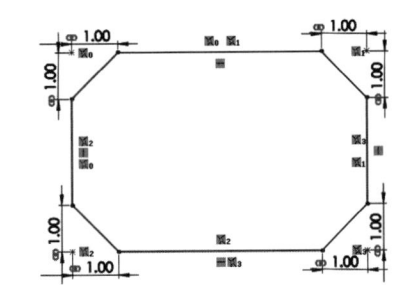

绘制倒角属性管理器与绘制圆角属性管理器也不同，绘制倒角属性管理器相关参数及操作含义与界面如表 1-4-2、图 1-4-6 所示。

表 1-4-2　绘制倒角属性管理器相关参数及操作含义

相关参数及操作	含义
角度距离	以"角度+距离"的方式绘制倒角，选择此选项时，可在方向 1 角度输入角度绘制倒角。
距离-距离	以"距离+距离"的方式绘制倒角，选择此选项时，可在距离 2 输入距离绘制倒角。
相等距离	当勾选时，只需输入一个距离，将同时应用到两个所选的草图实体上。
D1	应用到第一个所选的草图实体。

第一章　SolidWorks 软件学习（一）

图 1-4-6

二、剪裁实体

剪裁实体需要在原有草图实体上进行剪裁，本节以矩形为例。剪裁实体命令可以通过点击草图工具栏的剪裁实体，或在工具菜单栏选择草图工具，再选择剪裁工具进入。

剪裁实体操作步骤：

（1）在绘图区绘制一个标准矩形，且绘制一条直线与矩形相交，如图1-4-7所示。

（2）进入剪裁实体命令，按住鼠标左键移动经过要剪裁的实体，灰色线条为鼠标移动痕迹，剪裁实体的草图位置会有红点出现，如图1-4-8所示，此时已完成草图实体的剪裁。

（3）继续按住鼠标左键移动可以进行下一个草图实体的剪裁。剪裁完成时点击剪裁属性管理器左上角的"√"退出剪裁实体命令。

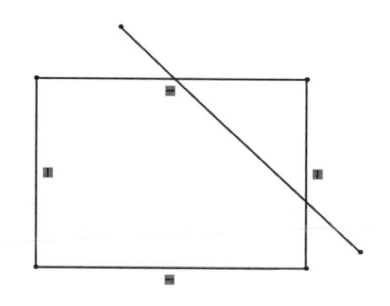

图 1-4-7　未剪裁前的草图实体　　　　图 1-4-8　剪裁后的草图实体

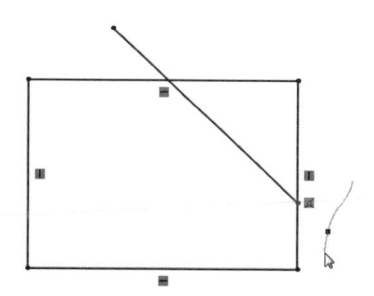

选择剪裁实体命令时，可以在剪裁属性管理器中选择剪裁类型或进行相关操作，然后进行剪裁实体，如表1-4-3、图1-4-9所示。

表 1-4-3　剪裁属性管理器剪裁类型及操作含义

剪裁类型及操作	含义
强劲剪裁	剪裁一个或多个草图实体到最近的交叉实体。
边角	修改两个所选实体，直到它们以虚拟边角交叉。
在内剪除	剪裁两个选定边界内部的草图实体。
在外剪除	剪裁两个选定边界外部的草图实体。
裁剪到最近端	将草图剪裁到最近交叉点。
将已剪裁的实体保留为构造几何体	当勾选时，剪裁的实体以构造线方式显示。
忽略对构造几何体的剪裁	当勾选时，鼠标经过实体，会忽略构造线的存在进行剪裁操作。

图 1-4-9

　　延伸实体指将草图实体延伸至与另一个草图实体相遇，本节以矩形为例。延伸实体命令可以通过点击草图工具栏的剪裁实体命令下拉选项，或在工具菜单栏选择草图工具，再选择延伸工具进入。

延伸实体操作步骤：

（1）在绘图区绘制一个标准矩形，且绘制一条直线与矩形相交，如图1-4-10所示。

（2）进入延伸实体命令，将鼠标放在需要延伸的草图实体上，会出现橙色延伸实体预览效果图，如图1-4-11所示。点击鼠标左键，即可完成实体的延伸，如图1-4-12所示。

（3）当与最近端的草图实体相遇后，如图1-4-13及图1-4-14所示，可以再次进行延伸实体操作，使其一直延伸至最远的草图实体，如图1-4-15所示，直至延伸完成。

一次延伸实体操作：

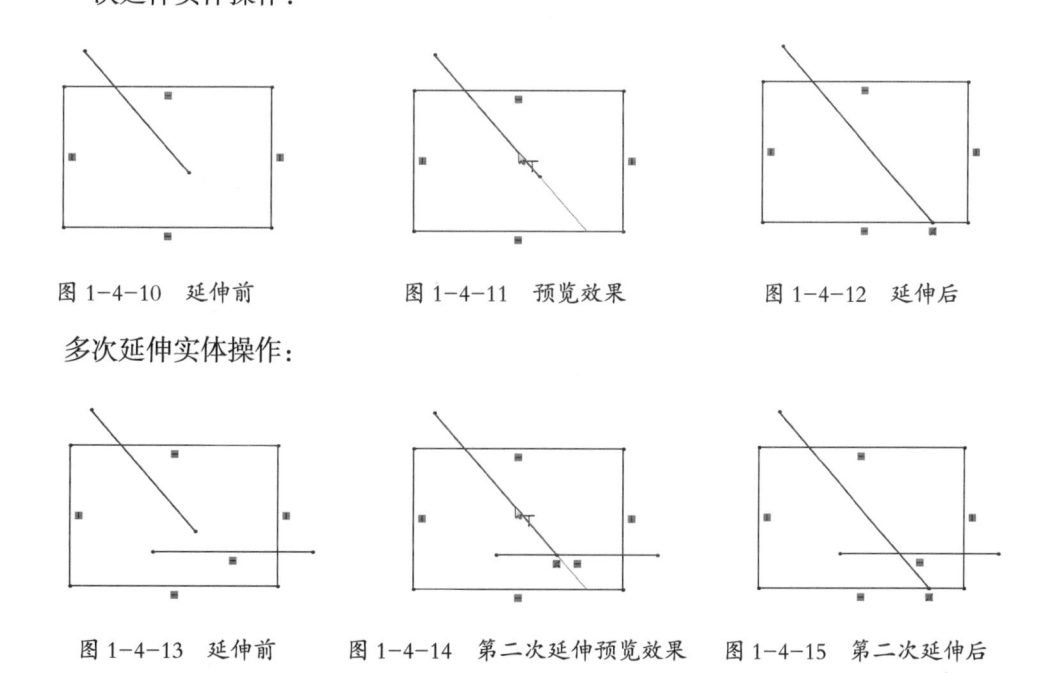

图1-4-10 延伸前　　　　图1-4-11 预览效果　　　　图1-4-12 延伸后

多次延伸实体操作：

图1-4-13 延伸前　　　　图1-4-14 第二次延伸预览效果　　　　图1-4-15 第二次延伸后

三、转换实体引用

转换实体引用指利用现有的模型或草图实体，通过投影边线、环、面、曲线或外部草图轮廓线、一组边线或一组草图曲线到草图基准面上，以在草图中生成一条或多条曲线。如果原有的模型或草图实体发生变化，转换实体引用的草图实体也会发生变化，此处以两条直线绘制圆角为例。转换实体引用命令可以通过点击草图工具栏的转换实体引用，或在工具菜单栏选择草图工具，再选择转换实体引用工具进入。

转换实体引用操作步骤：

（1）在前视基准面上绘制一条直线1，退出草图绘制，直线1以灰色显示在绘图区，如图1-4-16所示。

（2）再次进入前视基准面上，从直线1的顶点出发，绘制一条与直线1垂直的直线2，此时两条直线不在一个草图内，如图1-4-17所示，直线1在草图1上，直线2在草图2上，这时不能进行绘制圆角的操作。

（3）进入转换实体引用命令，点击直线1，点击转换实体引用属性管理器左上角的"√"即可完全投影直线1到草图2上，如图1-4-18所示，此时可以在草图2上对直线1和直线2形成的直角进行绘制圆角的操作。

（4）进入绘制圆角命令，分别点击两条直线，会出现黄色圆角预览效果图，如图1-4-19所示。

（5）点击绘制圆角属性管理器左上角的"√"退出绘制圆角命令，即可完成圆角的绘制，如图1-4-20所示。

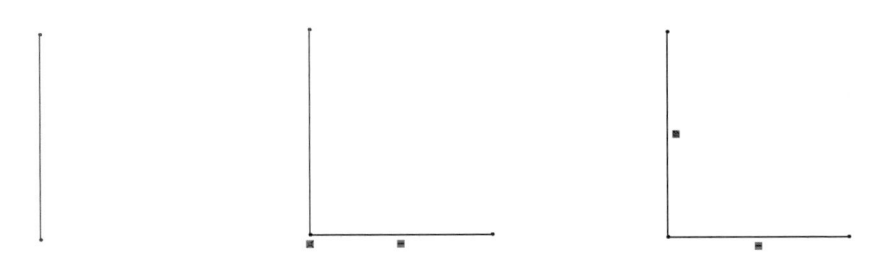

图1-4-16　直线1以灰色显示　　图1-4-17　直线1与直线2不在同一草图上垂直　　图1-4-18　转换实体引用后，直线1与直线2在同一草图上垂直

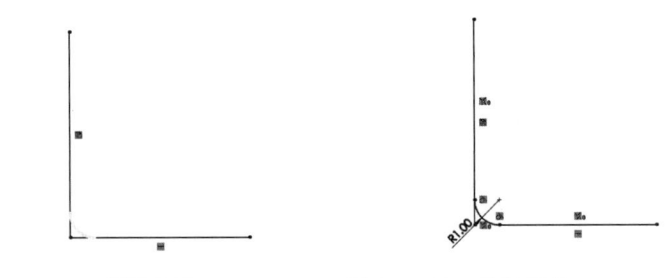

图1-4-19　预览效果　　图1-4-20　绘制圆角

在转换实体引用时，可在转换实体引用属性管理器中进行相关操作，如表1-4-4、图1-4-21所示。

表1-4-4　转换实体引用属性管理器操作含义

操作	含义
要转换的实体	当选中草图实体时，实体名称会显示在"要转换的实体"框内。
选择链	当勾选时，所选实体所有相邻的草图实体都会转换。
逐个内环面	当勾选时，可以选择需要转换的每个内环面。
选择所有内环面	自动选择所有内环面。

图 1-4-21

四、等距实体

等距实体指按特定的距离等距生成一个或多个草图实体、所选模型边线或模型面，如样条曲线或圆弧、模型边线组、环等之类的草图实体，本节以矩形为例。等距实体命令可以通过点击草图工具栏的等距实体，或在工具菜单栏选择草图工具，再选择等距实体工具进入。

绘制等距实体操作步骤：

（1）在绘图区绘制一个标准矩形，进入等距实体命令。

（2）选择矩形的其中一边，在等距实体属性管理器中输入等距距离，勾选添加尺寸和选择链，会出现黄色矩形预览效果图，如图1-4-22所示，点击等距实体属性管理器左上角的"√"退出等距实体命令。

（3）绘图区将出现两个矩形，并标注着等距距离，如图1-4-23所示。

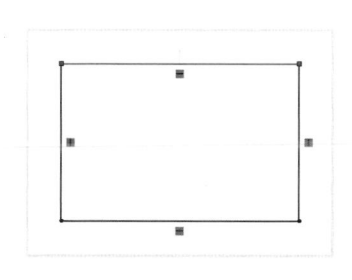

图 1-4-22 预览效果　　　　图 1-4-23 等距实体

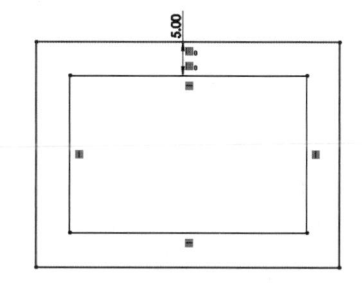

在绘制等距实体时，可在等距实体属性管理器中更改相关参数或进行相关操作，如表1-4-5、图1-4-24所示。

表 1-4-5　等距实体属性管理器相关参数及操作含义

相关参数及操作	含义
![图标]	输入特定的距离绘制等距实体。
添加尺寸	当勾选时，草图实体会显示等距距离尺寸。
反向	当勾选时，可以改变单向等距的方向。
选择链	当勾选时，会生成所有连续草图实体的等距。
双向	当勾选时，会双向生成等距实体。
顶端加盖	勾选双向且草图实体为非封闭图形时可以勾选使用，可以选择圆弧或者直线类型进行封闭草图实体。
构造几何体	将草图实体转换为构造几何线。当勾选基本几何体时，原有的草图实体转换为构造几何线。当勾选偏移几何体时，生成的等距实体转换为构造几何线。当同时勾选时，原有的草图实体和生成的等距实体同时转换为构造几何线。

图 1-4-24

五、镜向实体

镜向实体指以某一线条、线性模型边线、基准面或平面为参考，对称复制所选草图实体，本节以矩形为例。镜向实体命令可以通过点击草图工具栏的镜向实体，或在工具菜单栏选择草图工具，再选择镜向工具进入。

绘制镜向实体操作步骤：

（1）在绘图区绘制一个标准矩形和一条直线，且将直线设置为构造线，如图 1-4-25 所示。

（2）进入镜向实体命令，选择矩形的四条边，勾选复制，点击镜向属性管理器的镜向轴框，点击构造线，会出现黄色矩形预览效果图，如图 1-4-26 所示，点击镜向实体属性管理器左上角的"√"退出镜向实体命令。

（3）绘图区将出现两个矩形，如图1-4-27所示。

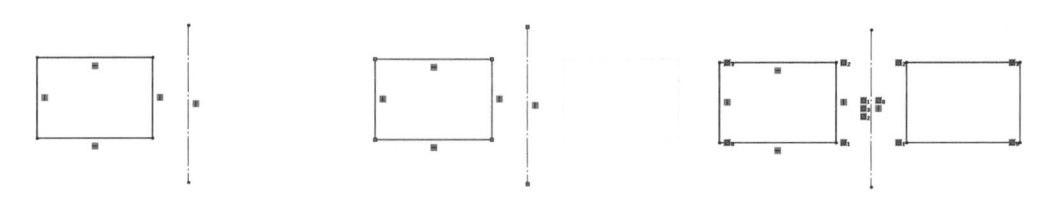

图1-4-25 标准矩形、构造直线　　　图1-4-26 预览效果　　　图1-4-27 镜向实体

在绘制镜向实体时，可在镜向属性管理器中更改相关操作，如表1-4-6、图1-4-28所示。

表1-4-6　镜向属性管理器操作含义

相关操作	含义
要镜向的实体	当选中草图实体时，实体名称会显示在"要镜向的实体"框内。
复制	当勾选时，会保留原有草图实体，镜向完成后，绘图区会出现两个草图实体；取消勾选则只保留镜向后的草图实体。
镜向轴	当选中某一线条、线性模型边线、基准面或平面为参考时，实体名称会显示在"镜向轴"框内。

图1-4-28

六、线性/圆周草图阵列

线性草图阵列指将草图实体沿一个或两个轴复制生成多个阵列图形，本节以矩形为例。线性草图阵列命令可以通过点击草图工具栏的线性草图阵列，或在工具菜单栏选择草图工具，再选择线性阵列工具进入。

使用线性草图阵列操作步骤：

（1）在绘图区绘制一个标准矩形，进入线性草图阵列命令。

（2）点击矩形的四条边作为要阵列的实体，在线性阵列属性管理器中输入沿 X 轴方向 1 阵列的间距 10 cm，输入实例数为 3，会出现 2 个黄色矩形预览效果图，如图 1-4-29 所示，勾选标注 X 间距和显示实例记数，点击线性阵列属性管理器左上角的"√"退出线性阵列命令。

（3）绘图区将出现 3 个矩形，并标注着实体之间的尺寸和实例数量，如图 1-4-30 所示。

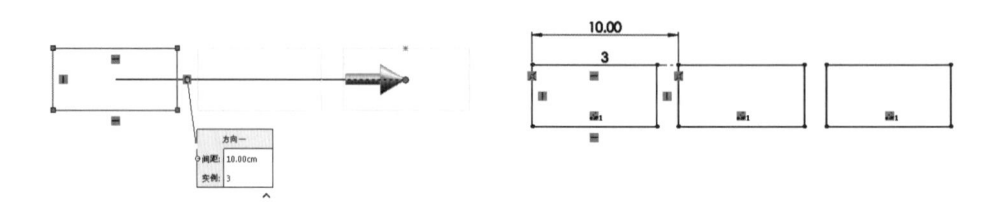

图 1-4-29　预览效果　　　　　　图 1-4-30　线性草图阵列

在使用线性草图阵列时，可在线性阵列属性管理器中更改相关参数或进行相关操作，如表 1-4-7、图 1-4-31 和 1-4-32 所示。

表 1-4-7　线性阵列属性管理器相关参数及操作含义

相关参数及操作	含义
	方向 1：沿 X 轴方向进行阵列，点击反向可改变阵列方向。 方向 2：沿 Y 轴方向进行阵列，点击反向可改变阵列方向。
	设定沿 X 轴方向阵列实例之间的距离。
标注 X 间距	当勾选时，实例之间的尺寸会在草图中显示。
	设定阵列实例数量。
显示实例记数	当勾选时，实例的数量会在草图中显示。
	设定 X 轴的阵列角度。按住箭头的前端点移动鼠标也可以进行更改间距和角度。
固定 X 轴方向	应用约束以固定实例沿 X 轴的旋转。
	设定沿 Y 轴方向阵列实例之间的距离。
	设定 Y 轴的阵列角度。按住箭头的前端点移动鼠标也可以进行更改间距和角度。
在轴之间标注角度	当勾选时，X 轴与 Y 轴之间的角度尺寸会在草图中显示。
	当选中草图实体时，实体名称会显示在"要阵列的实体"框内。

续上表

相关参数及操作	含义
	指在进行常规线性阵列时，不想要个别阵列图形。在绘图区点击不想要的常规阵列图形，其坐标系会显示在"可跳过的实例"框内。 可跳过的实例操作步骤： （1）在绘图区绘制一个标准矩形，选择整个矩形，将其沿 X 轴和 Y 轴进行阵列。 （2）在线性阵列属性管理器中设定 X 轴方向阵列实例之间的距离为 8 cm，勾选标注 X 间距，设定阵列实例数量为 3，勾选显示实例记数。 （3）在线性阵列属性管理器中设定 Y 轴方向阵列实例之间的距离为 9 cm，勾选标注 Y 间距，设定阵列实例数量为 4，勾选显示实例记数，绘图区会出现 12 个黄色矩形预览效果图，如图 1 所示。 （4）点击可跳过的实例框，鼠标左键点击绘图区不想要的阵列图形，分别是第二行的第一个和第四个，如图 2 所示，框内会显示其坐标系，点击线性阵列属性管理器左上角的"√"退出线性阵列命令。 （5）绘图区将出现 10 个矩形，如图 3 所示。 图 1　常规线性阵列　　　　图 2　跳过实例阵列 图 3　最终阵列

图 1-4-31　　　　　图 1-4-32

45

圆周草图阵列指将草图实体沿一个特定的圆弧进行阵列，本节以矩形为例。圆周草图阵列命令可以通过点击草图工具栏的线性草图阵列命令右侧下拉选项，或在工具菜单栏选择草图工具，再选择圆周阵列工具进入。

使用圆周草图阵列操作步骤：

（1）在绘图区绘制一个标准矩形，进入圆周阵列命令。

（2）点击矩形的四条边作为要阵列的实体，在圆周阵列属性管理器中选择顺时针旋转，输入实例数为6，会出现5个黄色矩形预览效果图，如图1-4-33所示，输入半径为2 cm，勾选等间距和显示实例记数，点击圆周阵列属性管理器左上角的"√"退出圆周阵列命令。

（3）绘图区将出现6个矩形，并标注着半径和实例数量，如图1-4-34所示。

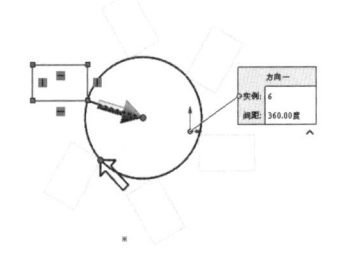

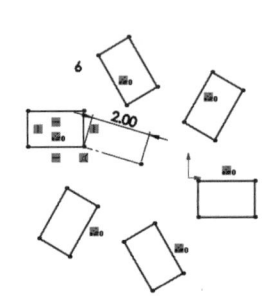

图1-4-33 预览效果　　　　图1-4-34 圆周草图阵列

在使用圆周草图阵列时，可在圆周阵列属性管理器中更改相关参数或进行相关操作，如表1-4-8、图1-4-35和图1-4-36所示。

表1-4-8　圆周阵列属性管理器相关参数及操作含义

相关参数及操作	含义
	点击反向可以改变圆周阵列方向，按顺时针或逆时针方向旋转。
	阵列中心点的 X 坐标。默认的中心点为原点， X 为0。 阵列中心点的 Y 坐标。默认的中心点为原点， Y 为0。
	圆周阵列的旋转角度，阵列的总度数。
等间距	当勾选时，各阵列图形间距相等。
标注半径	当勾选时，圆周阵列的旋转半径会在草图中显示。
标注角间距	当勾选时，实例之间的尺寸会在草图中显示。
	设定阵列实例数量。
显示实例记数	当勾选时，实例的数量会在草图中显示。

续上表

相关参数及操作	含义
↖	设定圆周阵列的旋转半径。
↗R2	所选实体的中心到阵列的中心点或顶点所测量的夹角角度。
↗□	当选中草图实体时，实体名称会显示在"要阵列的实体"框内。
○	指在进行常规圆周阵列时，不想要个别阵列图形。在绘图区点击不想要的常规阵列图形，其排序号会显示在"可跳过的实例"框内。 可跳过的实例操作步骤： （1）在绘图区绘制一个标准矩形，选择整个矩形，将其圆周阵列方向设定为顺时针。 （2）在圆周阵列属性管理器中设定阵列的总度数为360°，勾选等间距和标注半径，设定阵列实例数量为6，勾选显示实例记数，设定圆周半径为15 cm，绘图区会出现5个黄色矩形预览效果图，如图1所示。 （3）点击可跳过的实例框，鼠标左键点击绘图区不想要的阵列图形，分别是顺时针第二个和第五个，如图2所示，框内会显示其排序号，点击圆周阵列属性管理器左上角的"√"退出圆周阵列命令。 （4）绘图区将出现4个矩形，如图3所示。 图1 常规圆周阵列　　　　图2 跳过实例阵列 图3 最终阵列

图 1-4-35　　　　　　图 1-4-36

七、移动/复制/旋转/缩放/伸展实体

移动实体指移动所选的草图实体位置，本书以矩形为例。移动实体命令可以通过点击草图工具栏的移动实体，或在工具菜单栏选择草图工具，再选择移动工具进入。

移动实体操作步骤：

（1）在绘图区绘制一个标准矩形，进入移动实体命令，框选整个矩形，如图1-4-37所示，勾选保留几何关系。

（2）选择移动实体方式为"从/到"，点击移动属性管理器起点框，选择矩形左上角的顶点，这个点就是移动的起点。

（3）移动鼠标在绘图区再次点击作为移动的终点，矩形移动完成，如图1-4-38、图1-4-39所示。

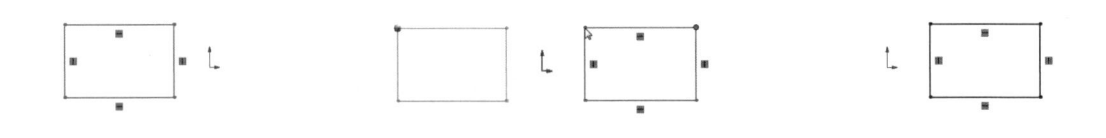

图 1-4-37　移动前　　　　图 1-4-38　移动时　　　　图 1-4-39　移动后

在使用移动实体时，可在移动属性管理器中更改相关参数或进行相关操作，如表1-4-9、图1-4-40所示。

表 1-4-9　移动属性管理器相关参数及操作含义

相关参数及操作	含义
⬈◻	当选中草图实体时，实体名称会显示在"要移动的实体"框内。
保留几何关系	当勾选时，保留原有草图实体的几何关系。
从/到	移动实体方式为直接选定移动起点到移动终点。
◼	所定义的移动起点。
ΔX / ΔY	移动实体方式为直接设定移动距离。 ΔX 为往 X 轴方向设定的移动距离。 ΔY 为往 Y 轴方向设定的移动距离。
重复	按属性管理器设定的参数再次移动实体。

图 1-4-40

复制实体指复制所选的草图实体，操作步骤与移动实体大致相同。区别在于使用移动实体命令，移动前后绘图区实体个数不变；而使用复制实体命令，随着点击鼠标左键的次数增加，实体个数也会增加。

旋转实体指旋转所选的草图实体，本节以矩形为例。旋转实体命令可以通过点击草图工具栏的移动实体命令下拉选项，或在工具菜单栏选择草图工具，再选择旋转工具进入。

旋转实体操作步骤：

（1）在绘图区绘制一个标准矩形，进入旋转实体命令，框选整个矩形，如图 1-4-41 所示，勾选保留几何关系。

（2）点击旋转属性管理器基准点，选择矩形右上角的顶点，这个点就是旋转点。

（3）输入旋转角度 180°，如图 1-4-42 所示。点击鼠标右键确认旋转后的图形且退出旋转实体命令，旋转完成，如图 1-4-43 所示。

图 1-4-41 旋转前　　　　　图 1-4-42 旋转时　　　　　图 1-4-43 旋转后

在使用旋转实体时，可在旋转属性管理器中更改相关参数或进行相关操作，如表 1-4-10、图 1-4-44 所示。

表 1-4-10　旋转属性管理器相关参数及操作含义

相关参数	操作含义
	当选中草图实体时，实体名称会显示在"要旋转的实体"框内。
保留几何关系	当勾选时，保留原有草图实体的几何关系。
	旋转所定义的点。
	设定旋转角度。

图 1-4-44

缩放实体比例指缩小或放大所选的草图实体，本节以矩形为例。缩放实体比例命令可以通过点击草图工具栏的移动实体命令下拉选项，或在工具菜单栏选择草图工具，再选择缩放比例工具进入。

缩放实体比例操作步骤：

（1）在绘图区绘制一个标准矩形，进入缩放实体比例命令，框选整个矩形，如图 1-4-45 所示。

（2）点击比例属性管理器比例缩放点框，选择矩形左上角的顶点，这个点就是比例缩放基准点。

（3）在比例因子框内输入 2，绘图区会出现一个按照基准点放大 2 倍的矩形，如

图 1-4-46 所示。点击鼠标右键确定即可完成矩形的放大操作，如图 1-4-47 所示。

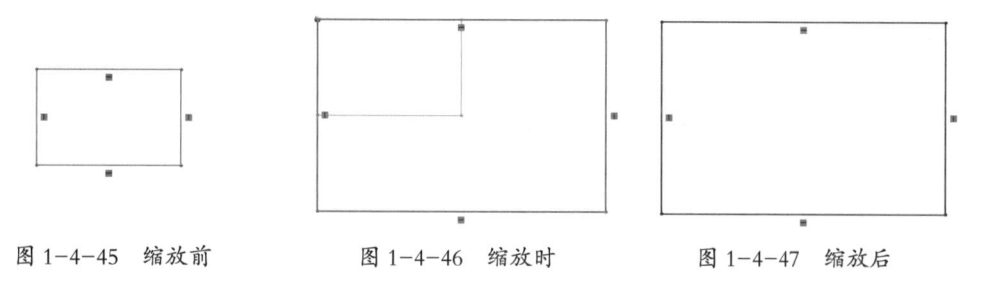

图 1-4-45　缩放前　　　　图 1-4-46　缩放时　　　　图 1-4-47　缩放后

在使用缩放实体比例时，可在比例属性管理器中更改相关参数或进行相关操作，如表 1-4-11、图 1-4-48 所示。

表 1-4-11　比例属性管理器相关参数及操作含义

相关参数及操作	含义
	当选中草图实体时，实体名称会显示在"要缩放比例的实体"框内。
	比例缩放基准点。
	设定缩放比例，输入小于 1 的数字时缩小图形，输入大于 1 的数字时放大图形。
复制	当勾选时，保留原有的草图实体，并按照设定的参数生成已按设定比例缩放的实体，勾选时可以输入生成份数。

图 1-4-48

伸展实体指伸展所选的草图实体，把曲面或平面沿一定的方向延伸，扩大面的面积，本节以矩形为例。伸展实体命令可以通过点击草图工具栏的移动实体命令下拉选项，或在工具菜单栏选择草图工具，再选择伸展实体工具进入。

伸展实体操作步骤：

（1）在绘图区绘制一个标准矩形，进入伸展实体命令，点击选择矩形的两条邻边，

51

如图 1-4-49 所示。

（2）点击伸展属性管理器伸展点框，选择矩形左上角的顶点，这个点就是伸展基准点。

（3）鼠标左键按住伸展基准点移动即可进行实体的伸展，如图 1-4-50 所示。

（4）点击鼠标右键确定即可完成矩形的伸展操作，如图 1-4-51 所示。

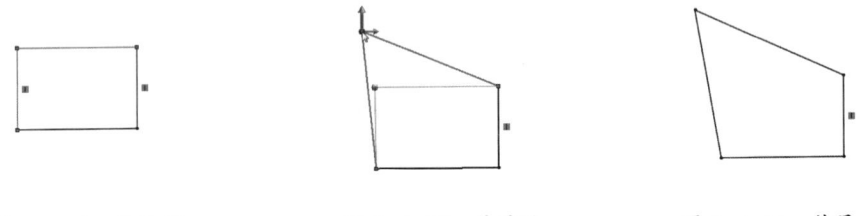

图 1-4-49 伸展前　　　　图 1-4-50 伸展时　　　　图 1-4-51 伸展后

在使用伸展实体时，可在伸展属性管理器中更改相关参数或进行相关操作，如表 1-4-12、图 1-4-52 所示。

表 1-4-12　伸展属性管理器相关参数及操作含义

相关参数	操作含义
↗	当选中草图实体时，实体名称会显示在"要绘制的实体"框内。
从 / 到	伸展实体方式为直接拖动伸展起点到伸展终点。
■	伸展基准点。
ΔX / ΔY	当勾选时，伸展实体方式为直接设定伸展距离。 ΔX 为往 X 轴方向设定的伸展距离。 ΔY 为往 Y 轴方向设定的伸展距离。

图 1-4-52

小结

本节介绍的草图编辑是对草图绘制命令完成后进行的修剪、调整、完善等操作，能否熟练掌握草图绘制和草图编辑命令的使用，直接影响了实体建模的效率。

第五节　草图约束

一、尺寸标注

绘制草图完成后，在未退出草图绘制的状态下可以标注草图实体的尺寸，以实现对草图实体的尺寸约束。若在进入草图绘制状态前，没有在用户界面的最下方右下角位置的状态栏设定长度单位，可以在绘制草图过程中或完成后，点击状态栏的自定义选项选择 CGS（厘米、克、秒），设定长度单位，然后在功能选项卡区的草图工具栏点击草图绘制，再点击绘图区正在绘制的草图的任意一条边进入该草图绘制，而后进行草图约束。

1. 智能尺寸

智能尺寸命令可以通过点击功能选项卡区的草图工具栏的智能尺寸，或在工具菜单栏选择尺寸选择智能尺寸进入，以下以平行四边形为例。

标注智能尺寸操作步骤：

（1）在绘图区绘制一个平行四边形，如图 1-5-1 所示。

（2）进入智能尺寸命令，点击选择平行四边形的一条边，移动鼠标再次点击确定线性尺寸预览的位置，如图 1-5-2 所示。

（3）在弹出的修改尺寸框内输入想要设定的线性尺寸和名称，如图 1-5-3 所示。点击修改框左上角的"√"确定保存当前输入的数值并退出此对话框，平行四边形线性尺寸标注完成，如图 1-5-4 所示。

（4）重复操作，将其邻边也标注线性尺寸，如图 1-5-5 所示。

（5）点击平行四边形选择其中一条边，点击其邻边，移动鼠标再次点击确定角度尺寸预览的位置，如图 1-5-6 所示。

（6）在弹出的修改尺寸框内输入想要设定的角度尺寸和名称，如图 1-5-7 所示。点击修改框左上角的"√"确定保存当前输入的数值并退出此对话框，平行四边形角度尺寸标注完成，如图 1-5-8 所示。

（7）鼠标位置的移动也会改变要标注的角度位置，如图 1-5-9 所示，按 Esc 退出智能尺寸命令。

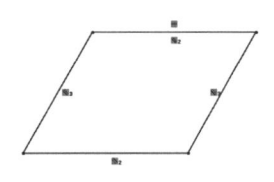

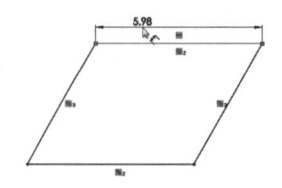

图 1-5-1　绘制平行四边形　　图 1-5-2　确定尺寸预览位置　　图 1-5-3　设定尺寸和名称

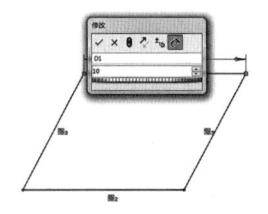

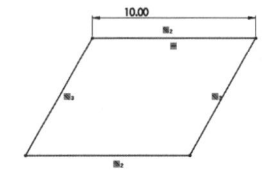

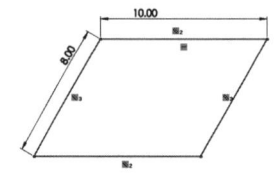

图 1-5-4　线性尺寸标注　　图 1-5-5　邻边线性尺寸标注　　图 1-5-6　确定尺寸预览位置

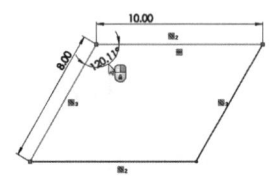

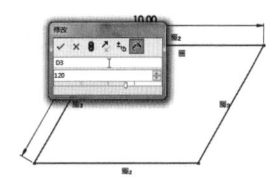

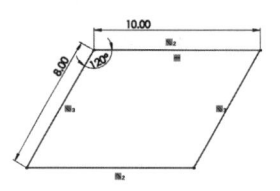

图 1-5-7　设定角度和名称　　图 1-5-8　角度尺寸标注　　图 1-5-9　角度尺寸标注

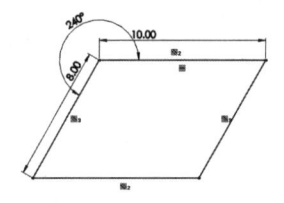

智能尺寸命令还可以标注线与线、点到直线和点到点之间的线性尺寸，操作方法都是相似的。

标注两点、两直线之间的尺寸操作步骤：

（1）在绘图区分别绘制两个点和两条直线，如图 1-5-10 所示。

（2）进入智能尺寸命令，点击选择一条直线，点击另一条直线，移动鼠标再次点击确定线性尺寸预览的位置，如图 1-5-11 所示。

（3）在弹出的修改尺寸框内输入想要设定的线与线之间的尺寸和名称，如图 1-5-12 所示。点击修改框左上角的"√"确定保存当前输入的数值并退出此对话框，线与线之间的尺寸标注完成，如图 1-5-13 所示。

（4）重复操作，标注点到直线的尺寸，如图 1-5-14 所示。

（5）重复操作，标注点到点的尺寸，如图 1-5-15 所示。

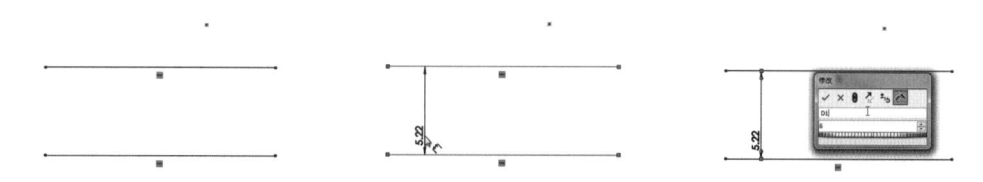

图 1-5-10　绘制两点、两直线　　图 1-5-11　确定尺寸预览位置　　图 1-5-12　设定尺寸和名称

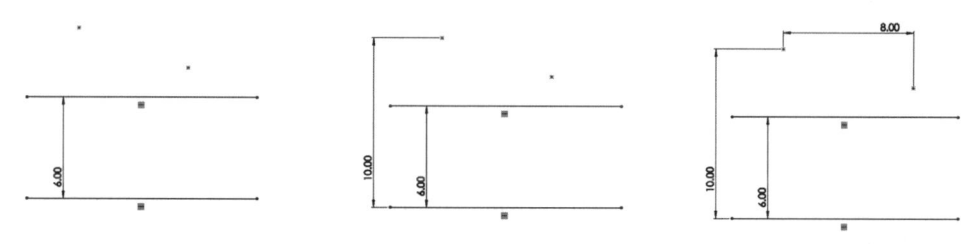

图 1-5-13　线与线之间尺寸标注　　图 1-5-14　点到直线之间尺寸标注　　图 1-5-15　点与点之间尺寸标注

2. 圆形尺寸

圆形尺寸是指标注草图圆直径的尺寸。

标注圆形尺寸操作步骤：

（1）在绘图区绘制一个圆，如图 1-5-16 所示。

（2）进入智能尺寸命令，点击圆上任意一点，移动鼠标再次点击确定直径尺寸预览的位置，如图 1-5-17 所示。

（3）在弹出的修改尺寸框内输入想要设定的直径尺寸和名称，如图 1-5-18 所示。点击修改框左上角的"√"确定保存当前输入的数值并退出此对话框，直径尺寸标注完成，如图 1-5-19 所示。

（4）鼠标位置的移动也会改变预览位置，如图 1-5-20 及图 1-5-21 所示，按 Esc 退出智能尺寸命令。

图 1-5-16　绘制圆　　图 1-5-17　确定尺寸预览位置　　图 1-5-18　设定尺寸和名称

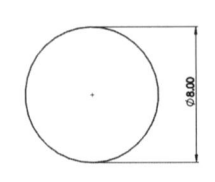

图 1-5-19　直径尺寸标注 1　　图 1-5-20　直径尺寸标注 2　　图 1-5-21　直径尺寸标注 3

3. 圆弧尺寸

圆弧尺寸是指标注草图圆弧半径和弧长的尺寸。

标注圆弧尺寸操作步骤：

（1）在绘图区绘制一段圆弧，如图 1-5-22 所示。

（2）进入智能尺寸命令，分别点击圆心和圆弧终点，移动鼠标再次点击确定半径尺寸预览的位置，如图 1-5-23 所示。

（3）在弹出的修改尺寸框内输入想要设定的半径尺寸和名称，如图 1-5-24 所示。点击修改框左上角的"√"确定保存当前输入的数值并退出此对话框，半径尺寸标注完成，如图 1-5-25 所示。

（4）分别点击圆弧起点、圆弧和圆弧终点，移动鼠标再次点击确定弧长尺寸预览的位置，如图 1-5-26 所示。

（5）在弹出的修改尺寸框内输入想要设定的弧长尺寸和名称，如图 1-5-27 所示。点击修改框左上角的"√"确定保存当前输入的数值并退出此对话框，半径尺寸标注完成，如图 1-5-28 所示。按 Esc 退出智能尺寸命令。

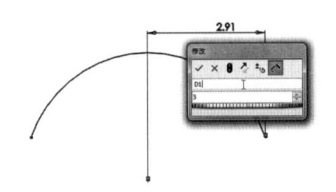

图 1-5-22　绘制圆弧　　图 1-5-23　确定尺寸预览位置　　图 1-5-24　设定尺寸和名称

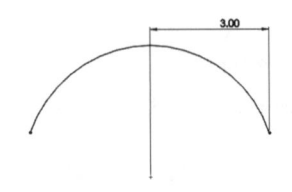

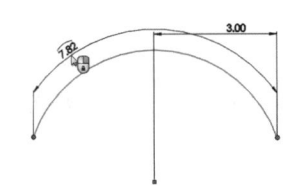

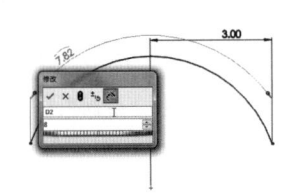

图 1-5-25　半径尺寸标注　　图 1-5-26　确定尺寸预览位置　　图 1-5-27　设定尺寸和名称

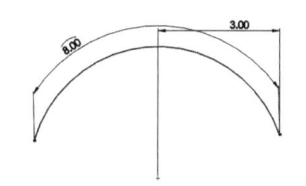

图 1-5-28　弧长尺寸标注

4. 修改和删除尺寸

在草图实体尺寸已经标注的情况下，可以进行尺寸的修改和删除操作。

（1）修改尺寸：双击绘图区中已经标注的草图尺寸，在弹出的修改尺寸框内输入想要设定的尺寸和名称，点击修改框左上角的"√"确定保存当前输入的数值并退出此对话框即可完成修改。

（2）删除尺寸：点击绘图区中标注好的草图尺寸，按 Delete 删除即可。

二、几何关系

绘制草图完成后，在未退出草图绘制的状态下可以进行添加或删除草图实体之间的几何关系。

几何关系是草图实体之间或草图实体与基准面、基准轴、边线或顶点之间的几何约束，可以自动或手动添加几何关系（见表 1-5-1）。

表 1-5-1　几何关系符号含义及应用效果

符号	含义	应用于草图实体	效果
一	水平	一条或多条直线，两个或多个点。	使直线水平，使点水平对齐。
｜	竖直	一条或多条直线，两个或多个点。	使直线竖直，使点竖直对齐。
⚓	固定	任何实体。	草图实体的大小和位置被固定，被固定的直线，只有端点可以沿着直线两侧的方向水平地无限延长，圆弧或椭圆段的端点也可以随意沿基本全圆或椭圆移动。固定后，草图实体信息会变成完全定义，草图实体颜色会变成黑色。
／	中点	一条直线或一段圆弧和一个点。	使点保持位于直线或圆弧的中点。
人	重合	一点和一直线、圆弧或椭圆。	使点位于直线、圆弧或椭圆上。
／	共线	两条或多条直线。	使直线位于同一条无限长的直线上。

续上表

符号	含义	应用于草图实体	效果
⊥	垂直	两条直线。	使两条直线相互垂直。
∥	平行	两条或多条直线。	使直线相互平行。
=	相等	两条或多条直线，两段或多段圆弧。	使直线长度或圆弧半径相等。
∨	合并	两个草图点或端点。	使两个点合并成一个点。
○	全等	两段或多段圆弧。	使圆弧共用相同的圆心和半径。
♂	相切	一圆弧、椭圆或样条曲线和一直线或圆弧。	使两个草图实体相切。
◎	同心	两段或多段圆弧，或一个点和一段圆弧。	使两个草图实体共用同一圆心。
⌒	曲线长度相等	两曲线、圆弧或圆。	使两个草图实体圆周长度相等。
✕	交叉点	两条直线和一个点。	使点保持于直线的交叉点处。

1. 添加几何关系

添加几何关系要在草图绘制的状态下使用，添加几何关系命令可以通过点击工具菜单栏选择关系，再选择添加进入。生成几何关系时，其中至少必须有一个项目是草图实体，其他项目可以是草图实体或边线、面、顶点、原点、基准面、基准轴或其他草图的曲线在投影到草图基准面上时所形成的直线或圆弧。一个草图实体可以同时存在多种几何关系，以下以圆为例。

圆添加几何关系操作步骤：

（1）在绘图区绘制两个大小不一样的圆，如图 1-5-29 所示。

（2）进入添加几何关系命令，分别点击两个圆心，添加几何关系属性管理器的所选实体框内会显示两个圆心的名称，与此同时会显示相对应的添加几何关系选项，点击添加几何关系：水平。添加后的几何关系会出现在现有几何关系框内，如图 1-5-30 所示。绘图区的两个圆心会水平对齐，且圆心周边带有水平的标识，如图 1-5-31 所示，点击添加几何关系属性管理器左上角的"√"退出即可完成几何关系的添加。

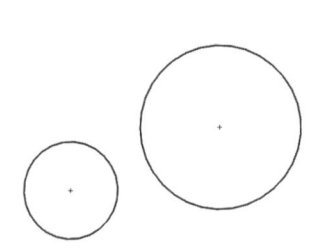

图 1-5-29　绘制圆　　　　图 1-5-30　现有几何关系框内显示：水平

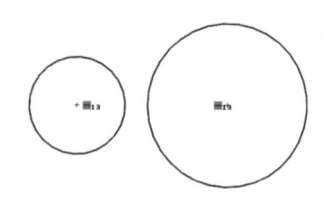

图 1-5-31　添加几何关系：水平

另一种方法是直接在绘图区点击草图实体，在属性管理器中对草图实体进行修改属性，添加几何关系。

单个草图实体添加几何关系操作步骤：

（1）在绘图区点击一个草图实体，在属性管理器中点击添加几何关系，添加后的几何关系会出现在现有几何关系框内，点击属性管理器左上角的"√"退出即可完成几何关系的添加。

（2）绘图区中的草图实体周边会出现添加后的几何关系标识。如图 1-5-32 所示，直线添加了几何关系：水平。如图 1-5-33 所示，直线添加了几何关系：竖直。

图 1-5-32　添加几何关系：水平　　　图 1-5-33　添加几何关系：竖直

两个或多个草图实体添加几何关系操作步骤：

（1）在绘图区点击一个草图实体，按住 Ctrl 点击另一个草图实体，重复操作可选择多个草图实体，在属性管理器中点击添加几何关系，添加后的几何关系会出现在现有几何关系框内，点击属性管理器左上角的"√"退出即可完成几何关系的添加。

（2）绘图区中的草图实体周边会出现添加后的几何关系标识。如图 1-5-34 所示，两条直线添加了几何关系：平行。如图 1-5-35 所示，三个圆添加了几何关系：相等。

图 1-5-34　添加几何关系：平行　　　图 1-5-35　添加几何关系：相等

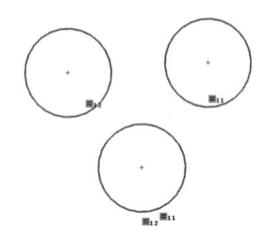

2. 显示/删除几何关系

显示/删除几何关系是用来显示已存在的几何关系或手动删除不需要的几何关系。显示/删除几何关系命令可以通过点击工具菜单栏选择关系，再选择显示/删除进入，以下以矩形为例。

显示/删除几何关系操作步骤：

（1）在绘图区绘制一个中心矩形，如图 1-5-36 所示。

（2）进入显示/删除几何关系命令，选择全部在此草图中，所有草图实体的几何关系都会显示在框内，如图 1-5-37 及图 1-5-38 所示。

（3）可以点击框内的几何关系，再点击删除，或鼠标右键点击框内的几何关系删除。选择几何关系时，对应草图实体的几何关系会在绘图区高亮显示所选几何关系，删除几何关系后，绘图区的草图实体相应的几何关系将会被删除，如图 1-5-39 所示。

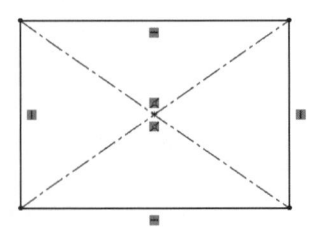

图 1-5-36　中心矩形

图 1-5-37　　　　　　　　图 1-5-38

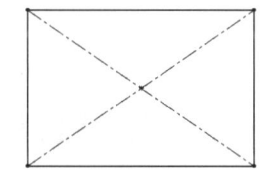

图 1-5-39　删除所有几何关系

另一种方法是直接在绘图区点击草图实体，在属性管理器中对草图实体进行属性修改，在现有几何关系框内，鼠标右键点击框内的几何关系，再点击删除，最后点击属性管理器左上角的"√"退出即可完成几何关系的删除。

过定义草图指尺寸或几何关系相互冲突、尺寸过度约束草图或修改的尺寸生成无效几何体，导致产生了冗余尺寸或冗余几何关系。当发生这种情况时，绘图区的右下角会出现红色项目无法解出提醒和黄色项目冲突提醒，这时需要删除草图实体相冲突的尺寸或几何关系。例如，一条直线不可能既水平又垂直，直线的几何关系产生了冲突，如图 1-5-40 所示，这时就需要确定设计意图，检查设计步骤，确定直线到底是水平还是垂直的，将多余的几何关系删除即可恢复正常，如图 1-5-41 所示。

标注尺寸产生过定义时也是同样操作。

图 1-5-40　过定义直线　　　　　　　图 1-5-41　水平直线

小结

本节介绍的草图约束是指对草图实体的尺寸和几何关系进行设定、修改等操作，可以更加完整地体现草图实体的形状和位置关系，也可清晰地表达设计意图，帮助阅图者理解。

第二章　SolidWorks 软件学习（二）

本章主要学习实体建模功能的特征命令，包含两大类：一类是在草图基础上使用的实体建模命令；另一类是在现有的特征基础上进行编辑的实体编辑命令。熟练掌握第一章的内容可以更加快速地学习本章内容。

第一节　实体建模命令

特征命令位于功能选项卡区的特征工具栏，如图 2-1-1 所示，工具栏中包括实体建模命令、实体编辑命令和其他命令。

接下来将介绍常用的实体建模命令，如拉伸凸台/基体、拉伸切除、旋转凸台/基体、旋转切除、扫描、扫描切除、放样凸台/基体、放样切割、筋等，实体建模命令可以在退出草图绘制的状态下使用。

图 2-1-1

一、拉伸凸台/基体

拉伸凸台/基体命令可以通过点击特征工具栏的拉伸凸台/基体，或在插入菜单栏选择凸台/基体，再选择拉伸进入。

拉伸凸台/基体操作步骤：

（1）以前视基准面和矩形为例，先选择前视基准面进入草图绘制，在绘图区以原点为中心点，绘制一个长为 5 cm、宽为 3 cm 的中心矩形后退出草图绘制，如图 2-1-2 所示。

（2）进入拉伸凸台/基体命令，设计树会弹出凸台-拉伸属性管理器，绘图区会出现拉伸命令的预览效果，如图 2-1-3 所示。按住拖动灰色箭头可以改变深度和拉伸方向，如图 2-1-4 及图 2-1-5 所示，属性管理器的深度会根据拖动箭头的位置实时改变，拖动箭头至任意深度，点击凸台-拉伸属性管理器左上角的"√"退出命令，如图2-1-6所示。

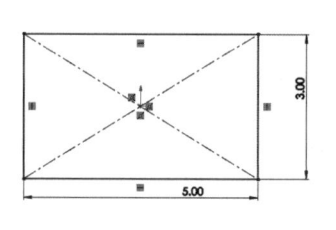

图 2-1-2　绘制中心矩形　　　　　图 2-1-3　预览效果

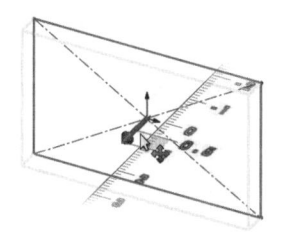

图 2-1-4　改变深度　　　　　　　图 2-1-5　改变方向

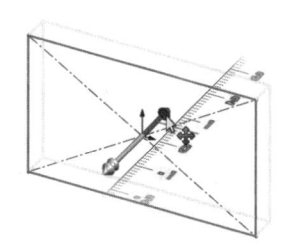

图 2-1-6　凸台拉伸

在拉伸凸台/基体时，可在凸台-拉伸属性管理器中更改相关参数或进行相关操作，如表 2-1-1、图 2-1-7 及图 2-1-8 所示。

表 2-1-1　凸台-拉伸属性管理器相关参数及操作含义

相关参数及操作	含义
从选项组	设定拉伸的开始条件。 草图基准面：指从草图所在的基准面开始拉伸。 曲面/面/基准面：指从曲面/面/基准面这些实体之一开始拉伸。 顶点：指从选择的顶点开始拉伸。 等距：指从与当前草图基准面等距的基准面上开始拉伸，当选择此选项时，要输入等距距离。
↗	反向，点击可以改变绘图区预览效果的拉伸方向，即沿其反向进行拉伸。

63

续上表

相关参数及操作	含义
终止条件	设定拉伸的终止条件。 给定深度：输入深度数值设定拉伸的深度。 成形到一顶点：拉伸到图形区域所选的顶点处。 成形到一面：拉伸到图形区域所选的面或基准面处。 到离指定面指定的距离：拉伸到图形区域所选的面或基准面处，然后输入等距距离，可勾选反向等距和转化曲面，勾选反向等距时可以反方向等距移动，勾选转化曲面时拉伸结束在参考曲面转化处，而非实际的等距。 成形到实体：拉伸到图形区域所选的实体或曲面实体处。 两侧对称：输入深度数值设定拉伸的深度，所在平面的两侧对称进行拉伸特征命令。
▯	顶点，终止条件选择成形到一顶点时会出现，框内会显示所选的顶点名称。
▯	面/平面，终止条件选择成形到一面时会出现，框内会显示所选的面或基准面名称。
▯	实体/曲面实体，终止条件选择成形到实体时会出现，框内会显示所选的实体/曲面实体名称。
合并结果	当勾选时，合并生成同一实体，不勾选时生成多个单独的实体。
▯	拉伸方向，在图形区域选择方向向量以垂直于草图轮廓的方向拉伸草图。
▯	输入数值设定拉伸的深度。
▯	拔模开/关，可以设定拔模角度，可勾选向外拔模。一般此选项呈灰色，使用前先点击此图标才能输入拔模角度。
方向2选项组	勾选方向2选项组可以设定同时从草图基准面往两个方向拉伸，参数用法和方向1选项组基本相同。
薄壁特征选项组	设定拉伸的厚度（不是深度），可用于钣金零件。开环轮廓草图拉伸时，默认勾选薄壁特征；闭环轮廓草图拉伸时，薄壁特征需手动勾选。
类型	设定薄壁特征拉伸的类型。 单向：设定草图以单一方向拉伸的厚度。 两侧对称：设定草图以相反方向均等拉伸。 双向：设定草图以相反方向不同厚度拉伸。 开环轮廓草图拉伸薄壁特征可勾选自动加圆角，即会在每一个具有直线相交夹角的边线上生成圆角，可输入数值设定圆角半径。 闭环轮廓草图拉伸薄壁特征可勾选顶端加盖，生成一个中空的零件，可输入数值设定加盖厚度。
▯	输入数值设定拉伸的厚度。
▯	允许使用部分草图以开环或闭环轮廓使用拉伸特征命令，在图形区域中选择草图轮廓和模型边线，其名称会显示在框内。

图 2-1-7　　　　　　　　　图 2-1-8

二、拉伸切除

拉伸切除命令可以通过点击特征工具栏的拉伸切除，或在插入菜单栏选择切除，再选择拉伸进入。

拉伸切除操作步骤：

（1）以前视基准面和矩形为例，先选择前视基准面进入草图绘制，在绘图区以原点为中心点，绘制一个长为 5 cm、宽为 3 cm 的中心矩形后退出草图绘制。

（2）进入拉伸凸台/基体命令，往任意方向拉伸，给定深度 5 cm，点击凸台－拉伸属性管理器左上角的"√"退出命令，如图 2-1-9 所示。

（3）点击矩形凸台的任意一面进入草图绘制，在矩形凸台上绘制一个半径为 2 cm 的圆，如图 2-1-10 所示。

（4）进入拉伸切除命令，设计树会弹出切除－拉伸属性管理器，绘图区会出现切除命令的预览效果，如图 2-1-11 所示。按住拖动灰色箭头可以改变深度和切除方向，属性管理器的深度会根据拖动箭头的位置实时改变，拉伸切除的终止条件选择完全贯穿，点击切除－拉伸属性管理器左上角的"√"退出命令，如图 2-1-12 所示。

图 2-1-9　凸台拉伸　　　　　图 2-1-10　绘制圆

图 2-1-11　预览效果 　　　　　图 2-1-12　拉伸切除

在拉伸切除时，可在切除-拉伸属性管理器中更改相关参数或进行相关操作，如图 2-1-13 及图 2-1-14 所示。切除-拉伸属性管理器与凸台-拉伸属性管理器几乎相同，表 2-1-2 只对不同点进行说明。

表 2-1-2　切除-拉伸属性管理器相关参数及操作含义

相关参数及操作	含义
终止条件	完全贯穿：拉伸直至贯穿所有现有的几何体。 完全贯穿-两者：拉伸直至贯穿草图两侧方向所有现有的几何体。 成形到下一面：拉伸直至贯穿到实体的下一面。
反侧切除	指移除轮廓外的所有实体。

图 2-1-13 　　　　　图 2-1-14

三、旋转凸台/基体

旋转凸台/基体命令可以通过点击特征工具栏的旋转凸台/基体，或在插入菜单栏选择凸台/基体，再选择旋转进入。

旋转凸台/基体操作步骤：

（1）以前视基准面和矩形为例，先选择前视基准面进入草图绘制，在绘图区以原点为顶点，绘制一个长为 3 cm、宽为 5 cm 的边角矩形后退出草图绘制，如图 2-1-15 所示。

（2）进入旋转凸台/基体命令，设计树会弹出旋转属性管理器，选择草图的其中一条边为旋转轴，绘图区会出现旋转命令的预览效果，默认旋转角度为 360°，如图 2-1-16 所示。按住拖动灰色箭头可以改变角度和旋转方向，如图 2-1-17 及图 2-1-18 所示，属性管理器的角度会根据拖动箭头的角度实时改变，但不会出现负数的角度，输入 360° 设定旋转角度，点击旋转属性管理器左上角的"√"退出命令，如图 2-1-19 所示。

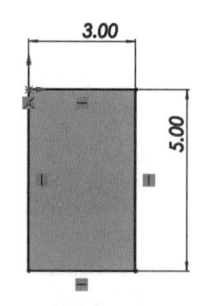

图 2-1-15　绘制矩形　　　　图 2-1-16　预览效果

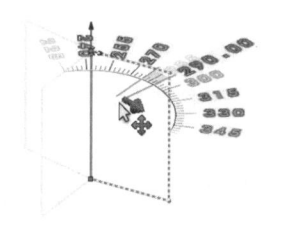

图 2-1-17　改变角度　　　　图 2-1-18　改变方向

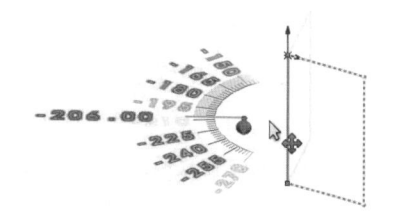

图 2-1-19　旋转凸台

在旋转凸台 / 基体时，可在旋转属性管理器中更改相关参数或进行相关操作，如表 2-1-3、图 2-1-20 所示。

表 2-1-3　旋转属性管理器相关参数及操作含义

相关参数及操作	含义
✏️	旋转轴，旋转所绕的轴，可为中心线、直线或边线。
🔄	反向，点击可以改变绘图区预览效果的旋转方向，即沿其反向进行旋转。
旋转类型	给定深度：输入角度数值以单一方向旋转。 成形到一顶点：从草图基准面旋转到所选的顶点处。 成形到一面：从草图基准面旋转到所选的曲面处。 到离指定面指定的距离：从草图基准面旋转到所选曲面的指定等距，输入数值设定等距距离，可勾选反向等距，勾选反向等距时可以反方向等距移动。 两侧对称：输入角度数值设定旋转的角度，所在平面的同时以顺时针和逆时针进行旋转特征命令。
📦	顶点，旋转类型选择成形到一顶点时会出现，框内会显示所选的顶点名称。
◆	面／平面，旋转类型选择成形到一面或到离指定面指定的距离时会出现，框内会显示所选的曲面名称。
↕A1	输入数值设定旋转角度，默认旋转角度为 360°。
方向 2 选项组	勾选方向 2 选项组可以设定同时从草图基准面往两个方向旋转，参数用法和方向 1 选项组基本相同。
薄壁特征选项组	设定旋转薄壁特征的体积，需手动勾选。
↗	反向，点击可以改变绘图区预览效果的薄壁体积添加方向，即沿其反向添加薄壁体积，类型为单向时才能使用。
类型	定义厚度的方向。 单向：设定草图以单一方向添加薄壁体积。 两侧对称：设定草图两侧均等应用薄壁体积来添加薄壁体积。 双向：设定草图两侧添加不同厚度的薄壁体积。
↕T1	输入数值设定薄壁体积厚度。
◇	点击此框，在图形区域中选择轮廓来生成旋转预览效果，可选择任何区域组合来生成单一或多实体零件，其名称会显示在框内。

第二章　SolidWorks 软件学习（二）

图 2-1-20

四、旋转切除

旋转切除命令可以通过点击特征工具栏的旋转切除，或在插入菜单栏选择切除，再选择旋转进入。

旋转切除操作步骤：

（1）以前视基准面和矩形为例，先选择前视基准面进入草图绘制，在绘图区以原点为顶点，绘制一个长为 3 cm、宽为 5 cm 的边角矩形后退出草图绘制。

（2）进入旋转凸台/基体命令，选择草图的其中一条边为旋转轴，点击旋转属性管理器左上角的"√"退出命令，如图 2-1-21 所示。

（3）鼠标左键点击设计树中的前视基准面进入草图绘制，按空格键选择正视于符号 ↥ 正视于新草图，以原点为顶点，绘制一个长为 2 cm、宽为 5 cm 的边角矩形，如图 2-1-22 所示。

（4）进入旋转切除命令，选择原点所在的边为旋转轴，绘图区会出现切除命令的预览效果，按住鼠标滚轮移动查看预览效果，如图 2-1-23 所示。点击切除–旋转属性管理器左上角的"√"退出命令，如图 2-1-24 所示。

图 2-1-21　旋转凸台　　　图 2-1-22　绘制矩形

69

图 2-1-23　预览效果　　　　　图 2-1-24　旋转切除

在旋转切除时，可在切除 – 旋转属性管理器中更改相关参数或进行相关操作，如图 2-1-25 所示。切除 – 旋转属性管理器与旋转属性管理器几乎相同。

图 2-1-25

五、扫描

扫描命令可以通过点击特征工具栏的扫描，或在插入菜单栏选择凸台 / 基体，再选择扫描进入。需要注意的是，沿草图轮廓扫描时，扫描路径和草图不能绘制在同一基准面上。

扫描操作步骤：

（1）以上视基准面、前视基准面、圆形和曲线为例，先选择上视基准面进入草图绘制，在绘图区以原点为圆心，绘制一个直径为 2 cm 的圆后退出草图绘制，如图 2-1-26 所示。

（2）在设计树中用鼠标左键选择前视基准面进入草图绘制，按空格键选择正视于符号 ⊥ 正视于前视基准面，在绘图区以原点为起点，绘制一条曲线后退出草图绘制，如图 2-1-27 所示。

（3）进入扫描命令，设计树会弹出扫描属性管理器，默认选择草图轮廓，点击圆作为轮廓，点击曲线作为路径，绘图区会出现扫描命令的预览效果，如图 2-1-28 所示。按住鼠标滚轮移动鼠标翻转视图查看预览效果，如图 2-1-29 所示，点击扫描属性管理器左上角的"√"退出命令。

（4）如果在扫描属性管理器的轮廓和路径中选择圆形轮廓，则不需要两个草图，只需一个草图即可，如：不需要绘制圆作为轮廓，只需要绘制曲线作为路径，输入直径设定扫描直径，绘图区自动根据曲线路径扫描生成圆形轮廓，如图 2-1-30 所示。区别在于，草图轮廓生成的扫描命令，起始处圆形截面与曲线不垂直；而圆形轮廓生成的扫描命令，起始处圆形截面与曲线是垂直的，如图 2-1-31 所示。

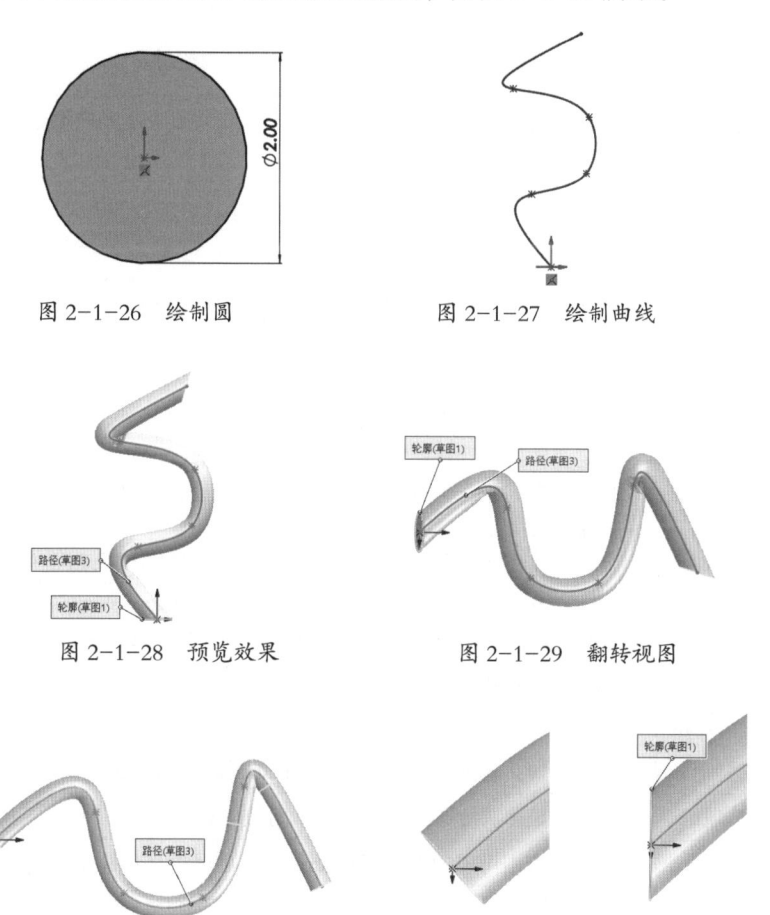

图 2-1-26 绘制圆　　　　　图 2-1-27 绘制曲线

图 2-1-28 预览效果　　　　图 2-1-29 翻转视图

图 2-1-30 圆形轮廓　　　　图 2-1-31 圆形轮廓与草图轮廓区别

在扫描时，可在扫描属性管理器中更改相关参数或进行相关操作，如表 2-1-4、图 2-1-32 及图 2-1-33 所示。

表 2-1-4　扫描属性管理器相关参数及操作含义

相关参数及操作	含义
草图轮廓	沿草图路径移动草图轮廓创建凸台或基体扫描。
圆形轮廓	沿草图路径创建凸台或基体扫描，无须草图轮廓。
	生成扫描的草图轮廓。

71

续上表

相关参数及操作	含义
⌒	设置扫描的草图路径。
⌀	直径，输入数值设定扫描轮廓的直径。
⌒	引导线，在图形区域绘制引导线并选择，使得在轮廓沿路径扫描时加以引导的作用。引导线可以与路径在同一基准面上。
↑ ↓	上移和下移，点击框左侧的上下键可以调整引导线的顺序。
合并平滑的面	改进带引导线扫描的性能，并在引导线或路径不是曲率连续的所有点处分割扫描。
👁	显示扫描的截面，在框右侧上下键点击按截面数观看轮廓。
轮廓方位	控制轮廓在沿路径扫描时的方向。 随路径变化：截面相对于路径时刻保持同一角度。 保持法线不变：截面时刻保持与开始截面平行。
轮廓扭转	沿路径应用扭转。 无：将轮廓的法线方向与路径对齐，不进行纠正。 指定扭转值：沿路径定义轮廓扭转，可通过度数、弧度或圈数设定。 指定方向向量：选择一基准面、平面、直线、边线、圆柱、轴、特征上顶点组等来设定方向向量。 与相邻面相切：将扫描附加到现有几何体时可用，使相邻面在轮廓上相切。
合并切面	勾选合并切面时，如果扫描轮廓具有相切线段，可使所产生的扫描中的相应曲面相切，保持相切的面可以是基准面、圆柱面或锥面。
显示预览	勾选显示预览时，显示扫描的上色预览，不勾选则只显示轮廓和路径。
起始处/结束处相切类型	无：不应用相切。 路径相切：垂直于起始点/结束点路径而生成扫描。
薄壁特征选项组	设定扫描薄壁特征的体积，需手动勾选。
↗	反向，点击可以改变绘图区预览效果的薄壁体积添加方向，即沿其反向添加薄壁体积，类型为单向时才能使用。
类型	定义厚度的方向。 单向：设定草图以单一方向添加薄壁体积。 两侧对称：设定草图两侧均等应用薄壁体积来添加薄壁体积。 双向：设定草图两侧添加不同厚度的薄壁体积。
曲率显示	网格预览：当勾选网格预览时，可以更好地直观显示曲面，可输入网格密度调整网格的行数。 斑马条纹：当勾选斑马条纹时，可以更容易看到曲面褶皱或缺陷。 曲率检查梳形图：当勾选曲率检查梳形图显示时，可修改方向1或方向2梳形图显示颜色。 比例：调整曲率检查梳形图的大小。 密度：调整曲率检查梳形图的显示行数。

图 2-1-32　　　　　图 2-1-33

六、扫描切除

扫描切除命令可以通过点击特征工具栏的扫描切除，或在插入菜单栏选择切除，再选择扫描进入。需要注意的是，沿草图轮廓扫描时，扫描路径和草图不能绘制在同一面上。

扫描切除操作步骤：

（1）以前视基准面、矩形、圆形和曲线为例，先选择前视基准面进入草图绘制，在绘图区以原点为中心点，绘制一个长为 15 cm、宽为 10 cm 的中心矩形后退出草图绘制。

（2）进入拉伸凸台 / 基体命令，往任意方向拉伸，给定深度 5 cm，点击凸台－拉伸属性管理器左上角的"√"退出命令，如图 2-1-34 所示。

（3）点击凸台的左侧面进入草图绘制，绘制一个圆形后退出草图绘制，如图 2-1-35 所示。

（4）在设计树中鼠标左键选择前视基准面进入草图绘制，按空格键选择正视于符号正视于前视基准面，以圆形的圆心为起点绘制一条曲线，退出草图绘制，如图 2-1-36 所示。

（5）进入扫描切除命令，设计树会弹出切除－扫描属性管理器，默认选择草图轮廓，点击圆作为轮廓，点击曲线作为路径，绘图区会出现扫描命令的预览效果，如图 2-1-37 所示，点击切除－扫描属性管理器左上角的"√"退出命令。

（6）点击凸台的正面，正视于并在前导视图窗口选择剖面视图进行不同角度的观察，按住任意一橙色箭头移动可以调整剖面的位置，如图 2-1-38 及图 2-1-39 所示。

（7）如果使用扫描切除命令时，出现"重建模型错误，路径必须与剖切面相交"的弹窗，说明扫描路径与草图轮廓没有相交点，点击切除－扫描属性管理器左上角的"×"退出命令，重新点击曲线进入草图绘制，选择曲线的起点，按住 Ctrl 键点击圆心添加几何关系——重合，退出草图绘制再次进入扫描切除命令使用扫描切除即可。

73

图 2-1-34　拉伸凸台　　　　　　　图 2-1-35　绘制圆

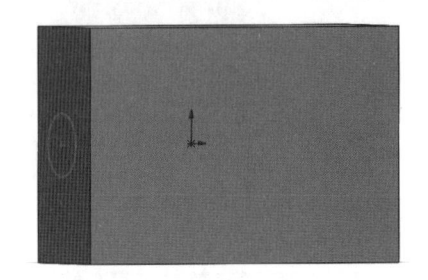

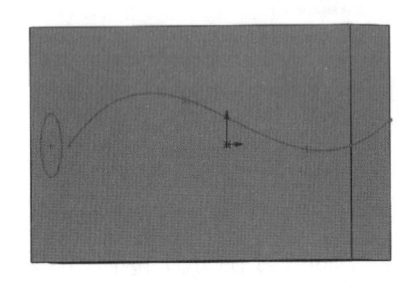

图 2-1-36　绘制曲线　　　　　　　图 2-1-37　预览效果

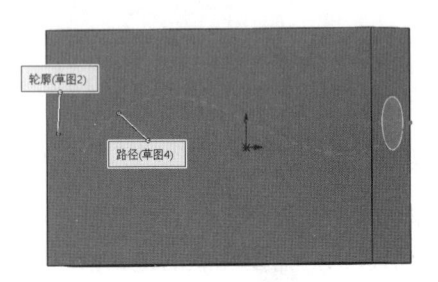

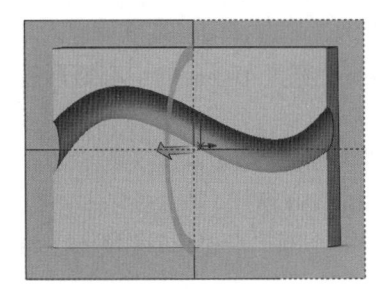

图 2-1-38　剖面视图　　　　　　　图 2-1-39　调整角度

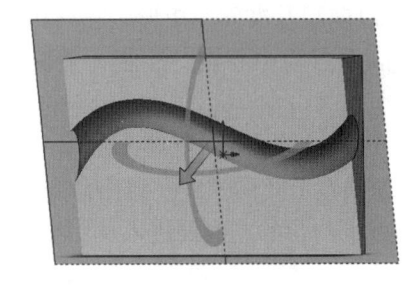

在扫描切除时，可在切除－扫描属性管理器中更改相关参数或进行相关操作，如图 2-1-40 及图 2-1-41 所示。切除－扫描属性管理器与扫描属性管理器几乎相同，表 2-1-5 只对不同点进行说明。

表 2-1-5　切除－扫描属性管理器相关参数及操作含义

相关参数及操作	含义
实体轮廓	选取实体沿路径扫描切除，实体必须凸起，不与主实体合并，且由以下特征组成：只由分析几何体（如直线和圆弧）所组成的旋转特征或圆柱形拉伸特征。 扫描路径必须连续相切并在实体轮廓之上或之内的点开始。
自然（仅限于 3D 路径）	当轮廓沿路径扫描时，在路径中其可绕轴转动以相对于曲率保持同一角度。

续上表

相关参数及操作	含义
特征范围	扫描切除命令会影响到的实体范围，默认选择所选实体。
与结束端面对齐	扫描轮廓延伸至路径所遇到的最后一面。

图 2-1-40　　　　图 2-1-41

七、放样凸台／基体

放样凸台／基体命令可以通过点击特征工具栏的放样凸台／基体，或在插入菜单栏选择凸台／基体，再选择放样进入。放样至少要有两个草图轮廓，且草图轮廓不能在同一面上，第一个或最后一个轮廓可以是点。

放样凸台／基体操作步骤：

（1）以前视基准面、圆形、矩形和新建基准面为例，先选择前视基准面进入草图绘制，在绘图区以原点为圆心，绘制一个直径为 5 cm 的圆形后退出草图绘制。

（2）在设计树中鼠标右键点击前视基准面设置绘图区显示前视基准面，点击特征工具栏的参考几何体，选择基准面，设计树会弹出基准面属性管理器，默认在第一参考框点击选择前视基准面，输入偏移距离为 10 cm，如图 2-1-42 所示，点击基准面属性管理器左上角的"√"退出命令即可获得一个新的基准面。

（3）点击新建基准面进入草图绘制，正视于基准面，以原点为中心，绘制一个长为 10 cm、宽为 5 cm 的中心矩形后退出草图绘制，如图 2-1-43 所示。

（4）进入放样凸台／基体命令，默认在轮廓框内依次在绘图区选择圆形和矩形，绘图区会出现放样凸台／基体命令的预览效果，按住鼠标滚轮移动鼠标翻转视图查看预览效果，如图 2-1-44 所示。还可以按住绿点移动来改变实体形状，如图 2-1-45 所示，点击放样属性管理器左上角的"√"退出命令。在设计树中鼠标右键点击前视基准面设置绘图区隐藏前视基准面，鼠标右键点击基准面1设置绘图区隐藏基准面1，按住鼠标滚轮移动鼠标翻转视图查看放样后的凸台效果，如图 2-1-46 所示。

（5）放样凸台/基体可以使用多个草图生成，可以在使用命令前新建多个基准面，绘制多个草图后使用放样命令，一次性生成一个完整的实体；也可以在使用放样命令后，再次新建基准面绘制草图并使用放样命令，重复步骤逐个生成一个完整的实体。

图 2-1-42　新建基准面　　　　　　图 2-1-43　绘制矩形

图 2-1-44　预览效果　　　　　　图 2-1-45　改变形状

图 2-1-46　放样凸台

在放样凸台/基体时，可在放样属性管理器中更改相关参数或进行相关操作，如表 2-1-6、图 2-1-47 及图 2-1-48 所示。

表 2-1-6　放样属性管理器相关参数及操作含义

相关参数及操作	含义
◇	生成放样的草图轮廓，选择要连接的草图轮廓、面、边线，放样根据轮廓选择的顺序而生成。
↑ ↓	上移和下移，点击框左侧的上下键可以调整轮廓的顺序。
起始/结束约束	约束控制开始和结束轮廓的相切。 无：不应用相切约束（曲率为 0）。 方向向量：选择方向向量应用相切约束，输入拔模角度和起始处相切长度应用相切约束。 垂直于轮廓：应用垂直于开始或结束轮廓的相切约束。

续上表

相关参数及操作	含义
![引导线图标]	在图形区域绘制引导线并选择，使得引导线可以控制放样。引导线需要绘制在与草图轮廓垂直的基准面上，并与草图轮廓有相交或者穿透的几何关系，例如草图轮廓在上视基准面，则引导线需要在右视基准面绘制。
引导线感应类型	控制引导线对放样的影响力。 到下一引导线：将引导线感应延伸到下一引导线。 到下一尖角：将引导线感应延伸到下一尖角。 到下一边线：将引导线感应延伸到下一边线。 整体：将引导线影响力延伸到整体。
↑↓	上移和下移，点击框左侧的上下键可以调整引导线的顺序。
引导相切类型	控制放样与引导线相遇处的相切。 无：不应用相切约束。 方向向量：根据所选的方向向量应用相切约束，输入数值设定拔模角度。 与面相切：在位于引导线路径上的相邻面之间添加边侧相切，从而在相邻面之间生成更平滑的过渡。
中心线参数	用中心线引导放样形状。 截面数：在轮廓之间并绕中心线添加截面，可移动滑杆来调整截面数。
草图工具	激活草图拖动模式，可在放样时拖动草图改变放样形状，也可点击选择撤销草图拖动模式。
合并切面	若对应的放样线段相切，则保持放样中的对应曲面相切。
闭合放样	沿放样方向生成闭合实体，当勾选时自动连接最后一个和第一个草图。
显示预览	勾选显示预览时，显示放样的上色预览，不勾选则只显示路径和引导线。
微公差	使用微小的几何图形为零件创建放样。
薄壁特征选项组	与扫描特征参数设置相同。
曲率显示	与扫描特征参数设置相同。

图 2-1-47　　　　图 2-1-48

八、放样切割

放样切割命令可以通过点击特征工具栏的放样切割，或在插入菜单栏选择切除，再选择放样进入。放样至少要有两个草图轮廓，且草图轮廓不能在同一面上，第一个或最后一个轮廓可以是点。

放样切割操作步骤：

（1）以上视基准面、右视基准面、圆形和矩形为例，先选择上视基准面进入草图绘制，在绘图区以原点为中心点，绘制一个长为 15 cm、宽为 10 cm 的中心矩形后退出草图绘制。

（2）进入拉伸凸台/基体命令，设计树会弹出凸台－拉伸属性管理器，绘图区会出现拉伸命令的预览效果，终止条件类型选择两侧对称，深度为 8 cm，如图 2-1-49 所示，点击凸台－拉伸属性管理器左上角的"√"退出命令。

（3）在设计树中鼠标右键点击上视基准面设置绘图区显示上视基准面，分别点击与上视基准面平行的最顶面、上视基准面和最底面进入草图绘制，依次在这三个面上绘制一个以原点为圆心的直径为 3 cm 的圆形、以原点为圆心的直径为 5 cm 的圆形和一个以原点为中心点的边长为 7 cm 的正方形并退出草图绘制，如图 2-1-50 所示。

（4）在设计树中鼠标右键点击右视基准面设置绘图区显示右视基准面，选择并正视于右视基准面进入草图绘制，点击绘制曲线从上至下依次连接三个草图轮廓并退出草图绘制，如图 2-1-51 所示。

（5）在设计树中鼠标右键点击右视基准面设置绘图区隐藏右视基准面，鼠标右键点击上视基准面设置绘图区隐藏上视基准面，进入放样切割命令，在轮廓框内依次从上至下选择三个草图，绘图区会出现放样命令的预览效果，点击在引导线框内选择曲线控制放样形状，如图 2-1-52 所示，点击切除－放样属性管理器左上角的"√"退出命令。按住鼠标滚轮移动鼠标翻转视图查看放样切割后的凸台或者利用剖面视图查看效果，如图 2-1-53 及图 2-1-54 所示。

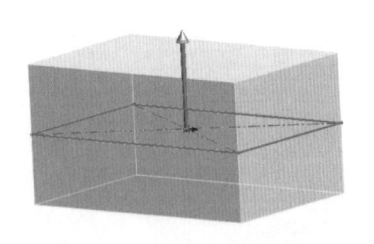

图 2-1-49　对称拉伸　　　　图 2-1-50　草图轮廓

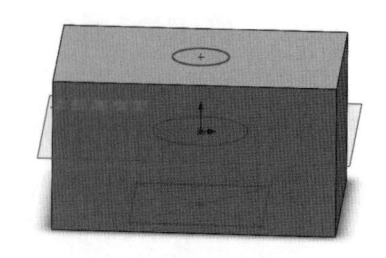

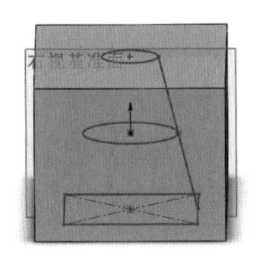

图 2-1-51　绘制曲线 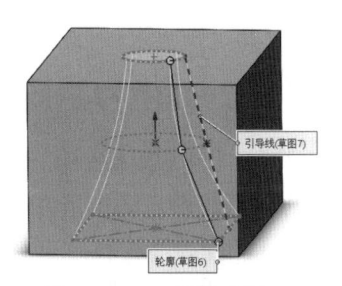　　　　　图 2-1-52　预览效果

图 2-1-53　翻转视图 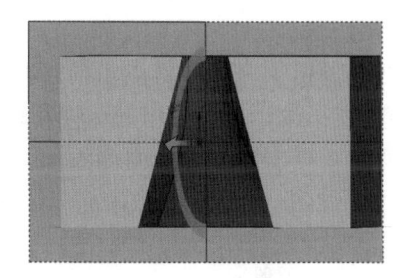　　　　　图 2-1-54　剖面视图

在放样切割时，可在切除 – 放样属性管理器中更改相关参数或进行相关操作，如图 2-1-55 及图 2-1-56 所示。切除 – 放样属性管理器与放样属性管理器基本相同。

图 2-1-55 　　　　　图 2-1-56

九、筋

筋命令可以通过点击特征工具栏的筋，或在插入菜单栏选择特征，再选择筋进入。筋命令可以在开环或闭环的轮廓下生成特殊类型拉伸特征，是在轮廓与现有实体之间添加指定方向和厚度的材料的命令。

筋命令操作步骤：

（1）以前视基准面、L形草图和直线为例，先选择前视基准面，绘制一个L形草图，如图 2-1-57 所示。

（2）进入拉伸凸台/基体命令，设计树会弹出凸台-拉伸属性管理器，绘图区会出现拉伸命令的预览效果，终止条件类型选择两侧对称，深度为 20 cm，如图 2-1-58 所示，点击凸台-拉伸属性管理器左上角的"√"退出命令。

（3）在设计树中鼠标右键点击前视基准面设置绘图区显示前视基准面，正视于并绘制一条连接在L形实体内侧的直线，标注角度为 45°，点到原点的距离为 8 cm，如图 2-1-59 所示。

（4）在设计树中鼠标右键点击前视基准面设置绘图区隐藏前视基准面，进入筋命令，点击直线，设计树会弹出筋属性管理器，绘图区会出现筋命令的预览效果，如图 2-1-60 所示。点击厚度选择两侧添加，筋厚度输入数值为 4 cm，拉伸方向选择平行于草图，如图 2-1-61 所示，点击筋属性管理器左上角的"√"退出命令。

图 2-1-57　L形草图

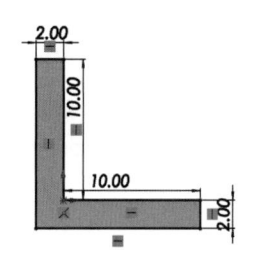

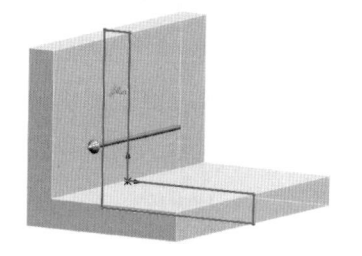

图 2-1-58　拉伸凸台

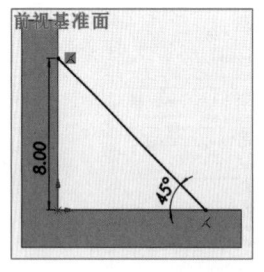

图 2-1-59　绘制筋

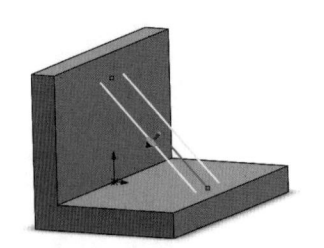

图 2-1-60　预览效果

图 2-1-61　筋命令

在使用筋命令时,可在筋属性管理器中更改相关参数或进行相关操作,如表 2-1-7、图 2-1-62 所示。

表 2-1-7 筋属性管理器相关参数及操作含义

相关参数及操作	含义
厚度	添加厚度到所选草图边上。 第一边:添加材料至草图的一边。 两侧:草图两侧均等添加材料。 第二边:添加材料至草图的另一边。
![T1]	输入数值设定筋的厚度,如果添加拔模角度,可以设置草图基准面或壁接口处的厚度。
拉伸方向	筋的拉伸方向,可选择平行于草图和垂直于草图。 平行于草图:平行于草图生成筋拉伸。 垂直于草图:垂直于草图生成筋拉伸。可以选择类型:线性或自然。 线性:生成与草图方向垂直的筋。 自然:生成延伸草图轮廓方向的筋。 反转材料方向:改变绘图区预览效果的拉伸方向。
	拔模开/关,可以设定拔模角度,可勾选向外拔模。一般此选项呈灰色,使用前先点击此图标才能输入拔模角度。
	框内会列举用来生成筋特征的草图轮廓。

图 2-1-62

小结

本节介绍的实体建模命令是在草图基础上通过拉伸、旋转、扫描、放样等特征命令直接生成一个三维实体的命令,是实体建模特征的基础命令,需要重点掌握每个特征命令的操作方法,区分各参数以及形成的实体效果。

第二节　实体编辑命令

实体编辑命令是在现有的特征基础上进行编辑的二次编辑命令，是直接对实体进行编辑的命令。本节将介绍常用的实体编辑模命令，如圆角、倒角、阵列命令、抽壳、包覆、镜向等。

一、圆角

圆角命令可以通过点击特征工具栏的圆角，或在插入菜单栏选择特征，再选择圆角进入。

圆角操作步骤：

（1）以前视基准面和矩形为例，先选择前视基准面进入草图绘制，在绘图区以原点为中心点，绘制一个长为 5 cm、宽为 3 cm 的中心矩形后退出草图绘制。

（2）进入拉伸凸台/基体命令，往任意方向拉伸，给定深度 1 cm，点击凸台－拉伸属性管理器左上角的"√"退出命令，如图 2-2-1 所示。

（3）进入圆角命令，圆角类型默认为恒定大小圆角，点击长方体左上角的棱角边线，边线名称会出现在边线、面、特征和环的框内，选择完整预览，输入圆角参数半径为 1 cm，绘图区会出现圆角命令的预览效果，如图 2-2-2 所示。点击圆角属性管理器左上角的"√"退出命令，如图 2-2-3 所示。

（4）再次进入圆角命令，依次点击其余三个棱角的边线，边线名称会出现在边线、面、特征和环的框内，绘图区会出现圆角命令的预览效果，点击圆角属性管理器左上角的"√"退出命令，如图 2-2-4 所示。

图 2-2-1　凸台拉伸　　　　图 2-2-2　预览效果

图 2-2-3　圆角命令　　　　图 2-2-4　圆角命令

在使用圆角命令时，可在圆角属性管理器中更改相关参数或进行相关操作，如表 2-2-1、图 2-2-5、图 2-2-6 及图 2-2-7 所示。

表 2-2-1　圆角属性管理器相关参数及操作含义

相关参数及操作	含义
	恒定大小圆角，可生成的整个圆角长度都有固定尺寸。
	变量大小圆角，可生成带变半径值的圆角。
	面圆角，用于混合非相邻、非连续的面。
	完整圆角，可生成相切于三个相邻面组（一个或多个面相切）的圆角。
	圆角类型为恒定大小圆角时，在图形区域选择要圆角处理的实体，会在边线、面、特征和环的框内显示其名称。
	圆角类型为变量大小圆角时，在图形区域选择要圆角处理的实体，会在要加圆角的边线的框内显示其名称。
	圆角类型为面圆角时，在图形区域选择面会在面组 1 和面组 2 的框内显示其名称。 面组 1：在图形区域选择要混合的第一个面或第一组面。 面组 2：在图形区域选择要与面组 1 混合的面。
	圆角类型为完整圆角时，在图形区域选择面会在面组 1、中央面组和面组 2 的框内显示其名称。 面组 1：选择第一个边侧面。 中央面组：在图形区域选择中央面。 面组 2：在图形区域选择与面组 1 相反的面组。
显示选择工具栏	当勾选时，显示选择加速器工具栏。
切线延伸	当勾选时，将圆角延伸到所有与所选面相切的面。
完整预览	显示所有边线的圆角预览。
部分预览	只显示一条边线的圆角预览。
无预览	图形区域不会出现预览效果。
对称	创建一个由半径定义的对称圆角。
非对称	创建一个由两个半径定义的非对称圆角。
	距离 1 和距离 2，圆角方法为非对称时，分别输入数值设定圆角两侧的半径。
	输入数值设定圆角半径。
多半径圆角	以边线不同的半径值生成圆角，可使用不同半径的三条边线生成边角。

续上表

相关参数及操作	含义
圆形	设定圆角的轮廓类型为圆形。
圆锥 Rho	设定定义曲线重量的比率，输入介于 0 和 1 之间的值。
圆锥半径	设定沿曲线的肩部点的曲率半径。
曲率连续	在相邻曲面之间创建更为光顺的曲率。
	圆角类型为变量大小圆角时，在附加的半径框内列出在边线、面、特征和环的框内选择的边线顶点，并列出在图形区域选择的控制点。
	实例数，圆角类型为变量大小圆角时，设定边线上的控制点数。
平滑过渡	圆角类型为变量大小圆角时生成圆角，当一个圆角边线接合于一个邻近面时，圆角半径从一个半径平滑地变化为另一个半径。
直线过渡	圆角类型为变量大小圆角时生成圆角，圆角半径从一个半径线性变化成另一个半径，但是不将切边与邻近圆角匹配。
	距离，在顶点测量设定圆角逆转距离。
	逆转顶点，在图形区域选择一个或多个顶点。
	逆转距离，以相应的逆转距离值列举边线数。
设定所有	应用当前的距离数值到逆转距离下的所有边线。
设定未指定的	将当前的距离数值应用到逆转距离下没有指定距离的所有边线。
开始/终止条件	沿模型边线创建具有指定长度的部分圆角。
通过面选择	通过隐藏边线的面选择边线。
保持特征	若应用一个大到可覆盖特征的圆角半径，则保持切除或凸台特征可见。
圆形角	生成带圆形角的恒定大小圆角。
扩展方式	控制在单一闭合边线上圆角与边线汇合时的方式。
默认	应用程序选择保持边线或保持曲面选项。
保持边线	模型边线保持不变，圆角则调整。
保持曲面	圆角边线调整为连续和平滑，模型边线更改以与圆角边线匹配。
FilletXpert	使用添加、更改和边角三种方法进行管理、组织和重新给圆角排序。
添加	生成新的圆角，点击边线、面、特征和环的框，在图形区域选择要进行圆角处理的实体，其名称会显示在框内，输入数值设定圆角半径，点击应用即可。
更改	修改现有的圆角，点击边线、面、特征和环的框，在图形区域选择要调整大小或删除的圆角，其名称会显示在框内，输入新的圆角半径，点击调整大小即可。如果想要删除，直接选择后点击移除即可。按大小分类框内会按照大小过滤所有圆角。

续上表

相关参数及操作	含义
边角	三条圆角边汇合在一个顶点的情况可以选择边角来修改现有的圆角。
边角面	点击选取其边角要更改或复制的面的框，在图形区域选择圆角，其名称会显示在框内，点击显示选择，会以弹出式样显示交替圆角预览，在弹出内容中点击预览来替换所选的圆角，再点击"√"即可。
复制目标	将圆角复制到其他圆角。在图形区域鼠标右键点击要复制的圆角，选择编辑特征，勾选激活高亮显示，兼容的目标圆角将在图形区域中高亮显示，选择要复制的圆角，点击复制到其他圆角，再点击"√"即可。

图 2-2-5　　　　　图 2-2-6　　　　　图 2-2-7

二、倒角

倒角命令可以通过点击特征工具栏的倒角，或在插入菜单栏选择特征，再选择倒角进入。

倒角操作步骤：

（1）以前视基准面和矩形为例，先选择前视基准面进入草图绘制，在绘图区以原点为中心点，绘制一个长为 5 cm、宽为 3 cm 的中心矩形后退出草图绘制。

（2）进入拉伸凸台/基体命令，往任意方向拉伸，给定深度 1 cm，点击凸台 – 拉伸属性管理器左上角的"√"退出命令，如图 2-2-8 所示。

（3）进入倒角命令，默认倒角类型为角度距离，点击长方体左上角的棱角边线，边线名称会出现在边线、面和环的框内，选择完整预览，输入倒角参数距离为 1 cm，角度为 45°，绘图区会出现倒角命令的预览效果，如图 2-2-9 所示。点击倒角属性管理器左上角的"√"退出命令，如图 2-2-10 所示。

（4）再次进入倒角命令，依次点击其余三个棱角的边线，边线名称会出现在边线、面和环的框内，绘图区会出现倒角命令的预览效果，点击倒角属性管理器左上角的"√"退出命令，如图 2-2-11 所示。

图 2-2-8　凸台拉伸　　　　　　　图 2-2-9　预览效果

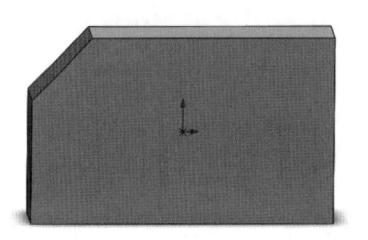

图 2-2-10　倒角命令　　　　　　图 2-2-11　倒角命令

在使用倒角命令时，可在倒角属性管理器中更改相关参数或进行相关操作，如图 2-2-12 及图 2-2-13 所示。倒角属性管理器与圆角属性管理器几乎相同，表 2-2-2 只对不同点进行说明。

表 2-2-2　倒角属性管理器相关参数及操作含义

相关参数及操作	含义
![图标]	角度距离，输入数值设定角度和距离创建倒角。
![图标]	距离－距离，输入两个数值设定两个面的距离创建倒角。
![图标]	顶点，输入数值设定顶点创建倒角。
![图标]	等距面，通过偏移选定边线旁边的面来求解等距面倒角。
![图标]	面－面，用于混合非相邻、非连续的面。
![图标]	在图形区域选择要进行倒角处理的实体，在边线、面和环的框内会显示其名称。
反转方向	当勾选时，改变倒角方向。

续上表

相关参数及操作	含义
![图标]	输入数值设定倒角的距离。
![图标]	输入数值设定倒角的角度。

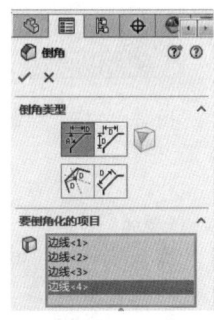

图 2-2-12　　　　　　图 2-2-13

三、阵列命令

阵列命令包括线性阵列、圆周阵列、曲线驱动的阵列、草图驱动的阵列、表格驱动的阵列、填充阵列和变量阵列七种，本节将介绍前六个阵列命令。

1. 线性阵列

线性阵列命令可以通过点击特征工具栏的线性阵列，或在插入菜单栏选择阵列，再选择线性阵列进入。

线性阵列操作步骤：

（1）以前视基准面和矩形为例，先选择前视基准面进入草图绘制，在绘图区以原点为中心点，绘制一个长为 23 cm、宽为 18 cm 的中心矩形后退出草图绘制。

（2）进入拉伸凸台/基体命令，往任意方向拉伸，给定深度 5 cm，点击凸台-拉伸属性管理器左上角的"√"退出命令，如图 2-2-14 所示。

（3）点击矩形凸台的正面进入草图绘制，正视于绘制面并绘制一个边长为 4 cm 的正方形，设定正方形离矩形的上边和左边的距离为 2 cm，如图 2-2-15 所示。

（4）进入拉伸凸台/基体命令，往凸向拉伸，给定深度 3 cm，点击凸台-拉伸属性管理器左上角的"√"退出命令，如图 2-2-16 所示。

（5）进入线性阵列命令，点击正方形凸台的邻边，点击灰色箭头可以反转阵列方向，将其方向分别设置为向右和向下，点击正方形凸台，凸台名称会出现在要阵列的特征的框内，绘图区会出现线性阵列命令的预览效果，如图 2-2-17 所示。在线性阵列属性管理器中修改参数，设定方向 1（向下）的间距为 5 cm，实例数为 3；方向 2（向右）的间距为 5 cm，实例数为 4，绘图区会出现修改后的预览效果，如图 2-2-18 所示。

点击线性阵列属性管理器左上角的"√"退出命令，如图 2-2-19 所示。

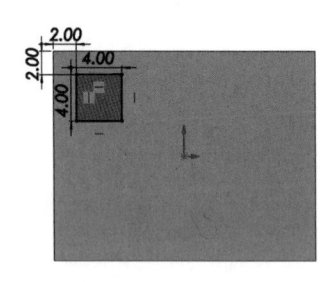

图 2-2-14　凸台拉伸　　　　　图 2-2-15　绘制正方形

图 2-2-16　凸台拉伸　　　　　图 2-2-17　预览效果

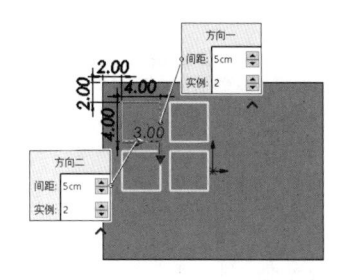

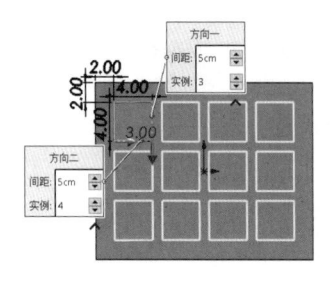

图 2-2-18　修改参数　　　　　图 2-2-19　线性阵列

不仅拉伸凸台/基体命令可以作为源特征生成阵列，拉伸切除和其他命令也可以作为源特征生成阵列，如图 2-2-20 及图 2-2-21 所示。

图 2-2-20　拉伸切除　　　　　图 2-2-21　线性阵列

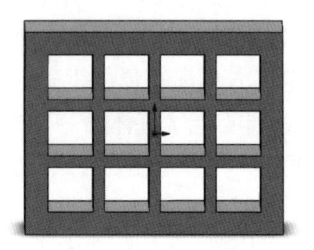

在使用线性阵列时，可在线性阵列属性管理器中更改相关参数或进行相关操作，如表 2-2-3、图 2-2-22 及图 2-2-23 所示。

表 2-2-3 线性阵列属性管理器相关参数及操作含义

相关参数及操作	含义
阵列方向	设定线性阵列的方向,可以选择线性边线、直线、轴、尺寸和面,其名称会显示在框内。
↗	反向,点击可以改变绘图区预览效果的阵列方向,即沿其反向进行阵列。
间距与实例数	通过输入数值设定阵列间距与实例数。
$\overset{D1}{\nearrow}$	输入数值设定阵列实例间的距离。
#	输入数值设定阵列实例数,此数量包括源特征。
到参考	根据选定参考几何图形设定实例数和间距。
	在图形区域选择设定控制阵列的参考几何图形,会在参考几何体的框内显示其名称。
偏移距离	输入数值设定从参考几何图形到上一个阵列实例的距离。
↙	反转等距方向,反转从参考几何图形偏移阵列的方向。
重心	通过输入数值设定从参考几何图形到阵列特征重心的偏移距离或实例数进行阵列。
所选参考	通过输入数值设定从参考几何图形到选定源特征几何图形参考的偏移距离或实例数进行阵列。
	在图形区域选择设定计算偏移距离的源特征几何图形,会在源参考的框内显示其名称。
方向 2 选项组	可以设定同时从两个方向生成阵列,参数用法和方向 1 基本相同。
只阵列源	方向 1 和方向 2 同时阵列,当勾选时,只使用源特征在方向 2 中生产线性阵列。
	在图形区域选择特征作为源特征来生成阵列,会在要阵列的特征的框内显示其名称。
	在图形区域选择源特征的面来生成阵列,会在要阵列的面的框内显示其名称。
	可使用在多实体零件中选择的实体生成阵列。
	点击可跳过的实例框,在生成阵列时的预览效果图形区域点击不想要阵列的实例,其实例坐标会出现在框内;想要恢复则再点击一次即可。
随形变化	当勾选时,允许重复时更改阵列。
几何体阵列	默认勾选,当勾选时,使用特征的几何体来生成阵列。
延伸视觉属性	默认勾选,当勾选时,将 SolidWorks 的颜色、纹理和装饰螺纹数据延伸至所有阵列实例。

续上表

相关参数及操作	含义
变化的实例	使用前先勾选才可设定使用下面的参数。
	间距增量，输入数值可以累积增量改变阵列实例中心之间的距离。
选择方向1中要变化的特征尺寸	点击此框，在图形区域点击源特征尺寸，框内会显示其名称、尺寸及增量，双击增量列修改值可以增加或减少特征尺寸的大小。
修改的实例	修改单个实例，在图形区域预览效果时，点击紫色的实例标记，选择修改实例，点击并修改值以覆盖原本的间距和尺寸。要删除已修改的实例，鼠标右键点击已修改实例框中显示阵列列号和行号的实例，选择删除即可。

图 2-2-22　　　　图 2-2-23

2. 圆周阵列

圆周阵列命令可以通过点击特征工具栏的线性阵列命令下拉选项，或在插入菜单栏选择阵列，再选择圆周阵列进入。

圆周阵列操作步骤：

（1）以前视基准面和圆形为例，先选择前视基准面进入草图绘制，在绘图区以原点为圆心，绘制一个直径为 40 cm 的圆形后退出草图绘制。

（2）进入拉伸凸台/基体命令，往任意方向拉伸，给定深度 3 cm，点击凸台-拉伸属性管理器左上角的"√"退出命令，如图 2-2-24 所示。

（3）点击圆形凸台的正面进入草图绘制，正视于绘制面并绘制一个直径为 4 cm 的圆形，设定圆心与原点的距离为 10 cm，如图 2-2-25 所示。

（4）进入拉伸切除命令，给定深度 3 cm，点击切除-拉伸属性管理器左上角的"√"退出命令，如图 2-2-26 所示。

（5）进入圆周阵列命令，点击方向1的阵列轴框，在图形区域点击圆形凸台的边线，其名称会显示在框内。选择等间距，默认角度为 360° 不变，设定实例数为 6，点击特征和面的要阵列的特征框,在图形区域点击拉伸切除的圆形曲面,其名称会显示在框内。绘图区会出现圆周阵列命令的预览效果,如图2-2-27所示。点击圆周阵列属性管理器左上角的"√"退出命令,如图2-2-28所示。

图 2-2-24 凸台拉伸

图 2-2-25 绘制圆形

图 2-2-26 拉伸切除

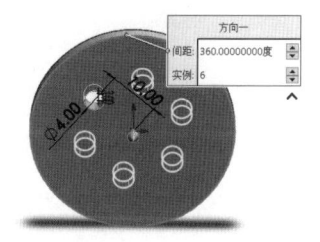

图 2-2-27 预览效果

图 2-2-28 圆周阵列

在使用圆周阵列时,可在圆周阵列属性管理器中更改相关参数或进行相关操作,如图2-2-29及图2-2-30所示。圆周阵列属性管理器与线性阵列属性管理器几乎相同,表2-2-4只对不同点进行说明。

表 2-2-4　圆周阵列属性管理器相关参数及操作含义

相关参数及操作	含义
阵列轴	设定圆周阵列的轴,可以选择轴、边线、面和角度尺寸,其名称会显示在框内。
实例间距	输入数值设定实例间的距离。
等间距	默认角度为360°,可修改输入数值设定圆周阵列的距离总和。

续上表

相关参数及操作	含义
※	输入数值设定阵列实例数,此数量包括源特征。
对称	从源特征创建对称阵列。

图 2-2-29　　　　　图 2-2-30

3. 曲线驱动的阵列

曲线驱动的阵列命令可以通过点击特征工具栏的线性阵列命令下拉选项,或在插入菜单栏选择阵列,再选择曲线驱动的阵列进入。

曲线驱动的阵列操作步骤:

(1)以前视基准面、圆弧和圆形为例,先选择前视基准面进入草图绘制,在绘图区以原点为圆心,绘制一个直径为 2 cm 的圆形后退出草图绘制。

(2)进入拉伸凸台/基体命令,往任意方向拉伸,给定深度 3 cm,点击凸台-拉伸属性管理器左上角的"√"退出命令,如图 2-2-31 所示。

(3)点击设计树中的前视基准面进入草图绘制,正视于新草图并以原点为起点,使用圆弧命令的 3 点圆弧绘制一条半圆的曲线,设定为构造线后退出草图绘制,如图 2-2-32 所示。

(4)进入曲线驱动的阵列命令,在图形区域点击圆弧,其名称会显示在阵列方向的框内。勾选实体,点击圆形凸台,其名称会显示在要阵列的实体的框内。勾选等间距,输入实例数为 30,其余默认参数不改变,绘图区会出现曲线驱动的阵列命令的预览效果,如图 2-2-33 所示。点击曲线驱动的阵列属性管理器左上角的"√"退出命令,如图 2-2-34 所示。

图 2-2-31　凸台拉伸　　　　　图 2-2-32　绘制圆弧

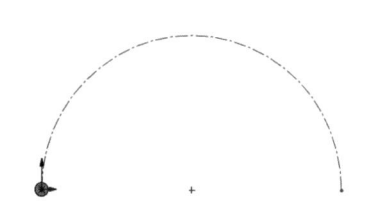

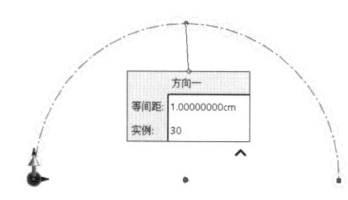

图 2-2-33　预览效果　　　　　图 2-2-34　曲线驱动的阵列

在使用曲线驱动的阵列时，可在曲线驱动的阵列属性管理器中更改相关参数或进行相关操作，如图 2-2-35 所示。曲线驱动的阵列属性管理器与线性阵列属性管理器几乎相同，表 2-2-5 只对不同点进行说明。

表 2-2-5　曲线驱动的阵列属性管理器相关参数及操作含义

相关参数及操作	含义
阵列方向	设定曲线驱动的阵列的方向，可以选择曲线、边线、草图实体或在设计树中选择草图，其名称会显示在框内。
曲线方法	使用所选曲线定义阵列的方向。
转换曲线	为每个实例保留从所选曲线原点到源特征的距离。
等距曲线	为每个实例保留从所选曲线原点到源特征的垂直距离。
与曲线相切	对齐所选择的与曲线相切的每个实例。
对齐到源	对齐每个实例以与源特征的原有对齐匹配。
面法线	（只针对 3D 曲线）选择 3D 曲线所处的面生成曲线驱动的阵列。

图 2-2-35

4. 草图驱动的阵列

草图驱动的阵列命令可以通过点击特征工具栏的线性阵列命令下拉选项，或在插入菜单栏选择阵列，再选择草图驱动的阵列进入。

草图驱动的阵列操作步骤：

（1）以前视基准面、矩形和点为例，先选择前视基准面进入草图绘制，在绘图区以原点为中心点，绘制一个长为 30 cm、宽为 20 cm 的中心矩形后退出草图绘制。

（2）进入拉伸凸台/基体命令，往任意方向拉伸，给定深度 3 cm，点击凸台－拉伸属性管理器左上角的"√"退出命令，如图 2-2-36 所示。

（3）点击矩形凸台的正面进入草图绘制，正视于绘制面并绘制一个边长为 4 cm 的正方形，设定正方形离矩形的上边和左边的距离为 2 cm，如图 2-2-37 所示。

（4）进入拉伸切除命令，给定深度 3 cm，点击切除－拉伸属性管理器左上角的"√"退出命令，如图 2-2-38 所示。

（5）点击矩形凸台的正面进入草图绘制，正视于新草图并绘制多个任意点后退出草图绘制，如图 2-2-39 所示。

（6）进入草图驱动的阵列命令，在图形区域点击点，其所在草图名称会显示在参考草图的框内。点击拉伸切除的矩形的面，其名称会显示在要阵列的特征的框内。绘图区会出现草图驱动的阵列命令的预览效果，如图 2-2-40 所示。点击草图驱动的阵列属性管理器左上角的"√"退出命令，如图 2-2-41 所示。

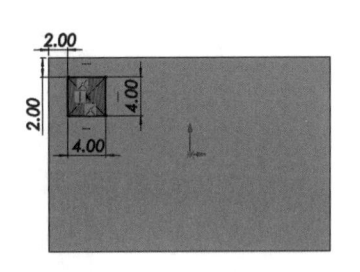

图 2-2-36　凸台拉伸　　　　　　图 2-2-37　绘制正方形

图 2-2-38　拉伸切除　　　　　　图 2-2-39　绘制点

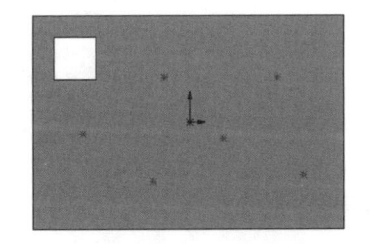

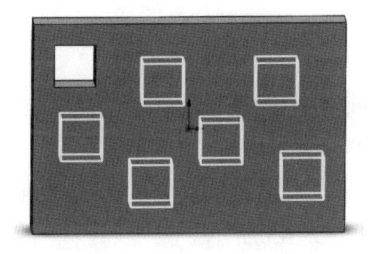

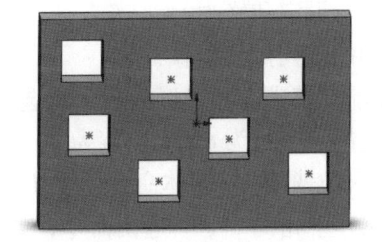

图 2-2-40　预览效果　　　　　　图 2-2-41　草图驱动的阵列

在使用草图驱动的阵列时，可在草图驱动的阵列属性管理器中更改相关参数或进行相关操作，如图 2-2-42 所示。草图驱动的阵列属性管理器与线性阵列属性管理器几乎相同，表 2-2-6 只对不同点进行说明。

表 2-2-6　草图驱动的阵列属性管理器相关参数及操作含义

相关参数及操作	含义
	参考草图，选择草图用作阵列。
参考点	阵列时所需的位置点。
重心	根据源特征的类型决定重心。
所选点	在图形区域选择某一点作为参考点，根据所选点，特征延伸的位置将改变。

图 2-2-42

5. 表格驱动的阵列

表格驱动的阵列命令可以通过点击特征工具栏的线性阵列命令下拉选项，或在插入菜单栏选择阵列，再选择表格驱动的阵列进入。表格驱动的阵列命令参数是在弹出的对话框里进行设定和修改。

表格驱动的阵列操作步骤：

（1）以前视基准面和矩形为例，先选择前视基准面进入草图绘制，在绘图区以原点为顶点，绘制一个长为 60 cm、宽为 40 cm 的边角矩形后退出草图绘制。

（2）进入拉伸凸台/基体命令，往任意方向拉伸，给定深度 3 cm，点击凸台－拉伸属性管理器左上角的"√"退出命令，如图 2-2-43 所示。

（3）点击矩形凸台的正面进入草图绘制，正视于绘制面并绘制一个边长为 6 cm 的正方形，设定正方形离矩形的下边和左边的距离为 4 cm，如图 2-2-44 所示。

（4）进入拉伸凸台/基体命令，往凸向拉伸，给定深度 3 cm，点击凸台－拉伸属性管理器左上角的"√"退出命令，如图 2-2-45 所示。

（5）点击特征工具栏的参考几何体的下拉选项选择坐标系创建坐标系，选择左下角的外侧顶点为原点，其名称会显示在坐标系属性管理器原点框内，分别点击 $X/Y/Z$ 轴方向参考框，选择矩形凸台的长为 X 轴、高为 Y 轴、宽为 Z 轴，点击坐标系属性管理器左上角的"√"退出命令，如图 2-2-46 所示。

（6）进入表格驱动的阵列命令，点击坐标系对应的框，选择设计树生成的坐标系，其名称会显示在框内。点击要复制的特征对应的框，选择正方形凸台，其名称会显示在框内。选择参考点为所选点，点击右侧的框，在图形区域选择正方形的左下角的外侧顶点作为参考点，其名称会显示在框内。阵列表中点 0 的 X、Y 坐标是参考点的坐标，双击点 1 的 X、Y 坐标并输入 –11、11，绘图区会出现表格驱动的阵列命令的预览效果，如图 2-2-47 所示。双击点 2 的 X、Y 坐标并输入 –18、18，双击点 3 的 X、Y 坐标并输入 –25、

25，点击确定退出表格驱动的阵列命令，如图 2-2-48 所示。

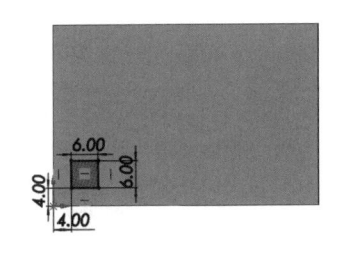

图 2-2-43　凸台拉伸　　　　　图 2-2-44　绘制正方形

图 2-2-45　凸台拉伸　　　　　图 2-2-46　创建坐标系

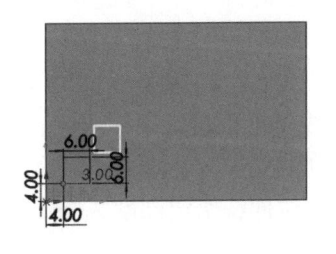

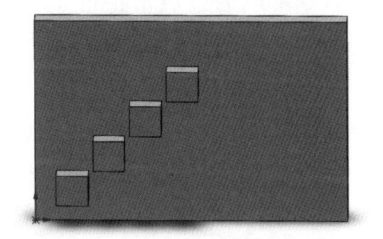

图 2-2-47　预览效果　　　　　图 2-2-48　表格驱动的阵列

在使用表格驱动的阵列时，可在表格驱动的阵列对话框中更改相关参数或进行相关操作，如图 2-2-49 所示。表格驱动的阵列对话框与线性阵列属性管理器部分相同，表 2-2-7 只对不同点进行说明。

表 2-2-7　表格驱动的阵列对话框相关参数及操作含义

相关参数及操作	含义
读取文件	点击浏览，选择阵列表（*.sldptab）文件输入现有的 X、Y 坐标。
保存 / 另存为	保存为阵列表（*.sldptab）文件。
参考点	在放置阵列实例时 X、Y 坐标所适用的点，参考点的 X、Y 坐标在阵列表中显示为点 0。 所选点：将参考点设定到所选顶点或草图点。 重心：将参考点设定到源特征的重心。

续上表

相关参数及操作	含义
坐标系	用来生成表格阵列的坐标系，包括原点。
X、Y 坐标表	X、Y 坐标为阵列实例生成位置点，可以输入负坐标。分别双击对应点的 X、Y 坐标输入数值可以设定表格阵列的每个实例的 X、Y 坐标，点 0 显示的 X、Y 坐标是参考点的坐标。

图 2-2-49

6. 填充阵列

填充阵列命令可以通过点击特征工具栏的线性阵列命令下拉选项，或在插入菜单栏选择阵列，再选择填充阵列进入。

填充阵列操作步骤：

（1）以前视基准面和矩形为例，先选择前视基准面进入草图绘制，在绘图区以原点为中心点，绘制一个长为 30 cm、宽为 20 cm 的中心矩形后退出草图绘制。

（2）进入拉伸凸台/基体命令，往任意方向拉伸，给定深度 3 cm，点击凸台–拉伸属性管理器左上角的"√"退出命令。

（3）点击矩形凸台的正面进入草图绘制，正视于绘制面并以原点为中心点，绘制一个边长为 2 cm 的正方形后退出草图绘制。

（4）进入拉伸切除命令，给定深度 3 cm，点击切除–拉伸属性管理器左上角的"√"退出命令，如图 2-2-50 所示。

（5）进入填充阵列命令，点击矩形凸台的正面，其名称会显示在填充边界的选择面的框内。阵列布局选择穿孔，输入数值设定实例间距为 4，其余参数默认不修改，点击特征和面的要阵列的面框，选择拉伸切除的矩形面，其名称会显示在框内。绘图区会出现填充阵列命令的预览效果，如图 2-2-51 所示。

（6）将阵列布局选择为圆周，输入数值设定环间距为 4，绘图区会出现填充阵列命令的预览效果，如图 2-2-52 所示。将阵列布局选择为方形，输入数值设定环间距为 4，绘图区会出现填充阵列命令的预览效果，如图 2-2-53 所示。将阵列布局选择为多边形，输入数值设定环间距为 6，多边形边为 6，绘图区会出现填充阵列命令的预览效果，如

图 2-2-54 所示。点击填充阵列属性管理器左上角的"√"退出命令，如图 2-2-55 所示。

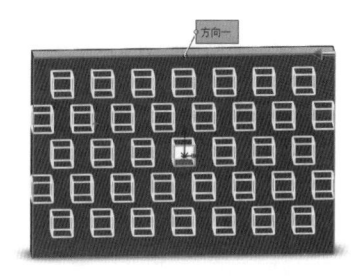

图 2-2-50　拉伸切除　　　　图 2-2-51　穿孔预览效果

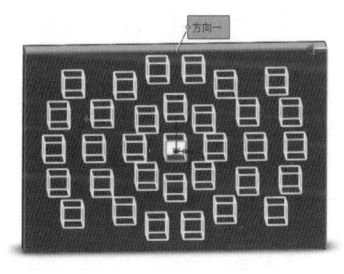

图 2-2-52　圆周预览效果　　　图 2-2-53　方形预览效果

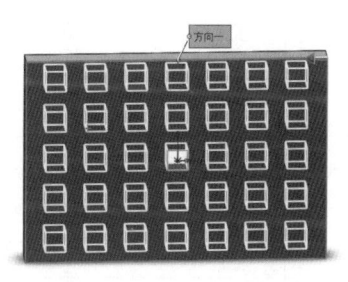

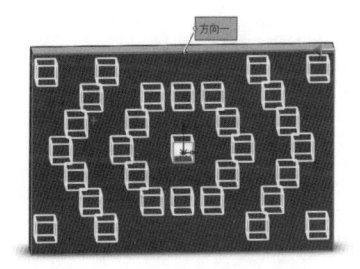

图 2-2-54　多边形预览效果　　图 2-2-55　填充阵列

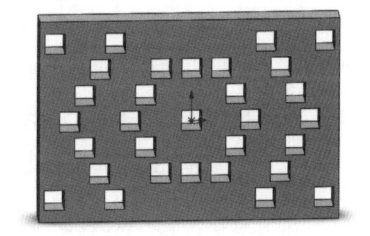

在使用填充阵列时，可在填充阵列属性管理器中更改相关参数或进行相关操作，如图 2-2-56 所示。填充阵列属性管理器与线性阵列属性管理器几乎相同，表 2-2-8 只对不同点进行说明。

表 2-2-8　填充阵列属性管理器相关参数及操作含义

相关参数及操作	含义
	在图形区域选择草图、面上的平面曲线或面作为填充区域，其名称会显示在框内。
阵列形状	确定填充边界内实例的布局阵列，可自定义形状进行阵列或对特征进行阵列，阵列实例以源特征中心呈同轴心分布。
	钣金穿孔式阵列。

续上表

相关参数及操作	含义
	圆周形阵列。
	方形阵列。
	多边形阵列。
	实例间距，输入数值设定实例中心间的距离。
	交错断续角度，输入数值设定各实例行之间的交错断续角度。
	边距，设定填充边界与最远端实例之间的边距，可以设定为 0。
	阵列方向，设定方向参考。如果未指定参考，系统将使用最合适的参考。
	实例记数，自动计算阵列中的实例数。
验证计数	验证实例数计数。
环间距	输入数值设定实例环间的距离。
目标间距	输入数值设定每个环内实例间的距离来填充区域。
每环的实例	使用实例数（每环）来填充区域。
每边的实例	使用实例数（每个方形的每边）来填充区域。
生成源切	为要阵列的源特征自定义切除形状，有圆形、方形、菱形和多边形四种形状。
	直径，输入数值设定圆的直径。
	在图形区域选择顶点或草图点，其名称会显示在框内，将源特征的中心定位在所选顶点或草图点，并生成以该点为起始点的阵列。
反转形状方向	绕在填充边界中所选择的面反转源特征的方向。
	尺寸，输入数值设定边的长度。
	旋转，输入数值设定逆时针旋转每个实例的旋转角度。
	对角，输入数值设定对角线的长度。
	多边形边，输入数值设定多边形的边数。
	外径，根据外径设定大小。
	内径，根据内径设定大小。

图 2-2-56

四、抽壳

抽壳命令可以通过点击特征工具栏的抽壳，或在插入菜单栏选择特征，再选择抽壳进入。

抽壳操作步骤：

（1）以前视基准面和矩形为例，先选择前视基准面进入草图绘制，在绘图区以原点为中心点，绘制一个长为 30 cm、宽为 20 cm 的中心矩形后退出草图绘制。

（2）进入拉伸凸台/基体命令，往任意方向拉伸，给定深度 20 cm，点击凸台-拉伸属性管理器左上角的"√"退出命令，如图 2-2-57 所示。

（3）进入抽壳命令，在图形区域点击矩形凸台的任意相邻的两面，其名称会显示在移除的面的框内，输入数值设定厚度为 1，勾选显示预览，绘图区会出现抽壳命令的预览效果，如图 2-2-58 所示。点击抽壳属性管理器左上角的"√"退出命令，如图 2-2-59 所示。

图 2-2-57 凸台拉伸　　　　图 2-2-58 预览效果

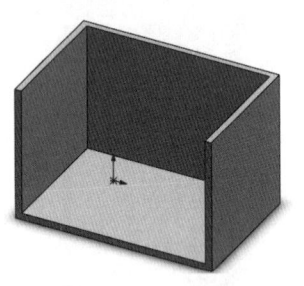

图 2-2-59　抽壳

在使用抽壳命令时，可在抽壳属性管理器中更改相关参数或进行相关操作，如表 2-2-9、图 2-2-60 所示。

表 2-2-9　抽壳属性管理器相关参数及操作含义

相关参数及操作	含义
（图标）	厚度，输入数值设定保留面的厚度。
（图标）	在图形区域选择要移除的面，其名称会显示在框内。
壳厚朝外	当勾选时，可增加零件的外部尺寸。
显示预览	当勾选时，绘图区会出现抽壳命令的预览效果。
（图标）	多厚度，输入数值设定所选面的厚度。
（图标）	多厚度面，点击此框，在图形区域选择面，其名称会显示在框内，输入数值设定不同厚度即可变成不规则抽壳实体。

图 2-2-60

五、包覆

包覆命令可以通过点击特征工具栏的包覆，或在插入菜单栏选择特征，再选择包覆进入。

包覆操作步骤：

（1）以前视基准面、矩形、文字和直线为例，先选择前视基准面进入草图绘制，在绘图区以原点为顶点，绘制一个长为 10 cm、宽为 5 cm 的边角矩形后退出草图绘制。

（2）进入拉伸凸台／基体命令，往任意方向拉伸，给定深度 1 cm，点击凸台－拉伸属性管理器左上角的"√"退出命令。

（3）点击前视基准面进入草图绘制，正视于基准面并绘制一条水平线，且设定为构造线，距离原点 2 cm，选择草图文字命令，在绘图区选择构造线，在文字框内输入文字"广东实验中学"，设置对齐方式为居中，不勾选使用文档字体，自定义字体为宋体，样式为常规，高度选择点，输入 36，点击确定，此时文字将出现在绘图区所选的构造线上，如图 2-2-61 所示，点击草图文字属性管理器左上角的"√"退出命令后退出草图绘制。

（4）进入包覆命令，包覆类型选择蚀雕，包覆方法选择分析，源草图默认为带有文字的草图，点击矩形凸台正面作为包覆草图的面，其名称会显示在框内，输入数值设定深度为 0.1 cm，绘图区会出现包覆命令的预览效果，如图 2-2-62 所示。点击包覆属性管理器左上角的"√"退出命令，如图 2-2-63 所示。

图 2-2-61　草图文字　　　　　　图 2-2-62　预览效果

图 2-2-63　包覆

在使用包覆命令时，可在包覆属性管理器中更改相关参数或进行相关操作，如表 2-2-10、图 2-2-64 所示。

表 2-2-10　包覆属性管理器相关参数及操作含义

相关参数及操作	含义
	浮雕，生成突起特征。
	蚀雕，生成缩进特征。

续上表

相关参数及操作	含义
	刻划，生成草图轮廓的压印。
	分析，使草图包覆至平面或非平面。
	样条曲面，可在任何面类型上包覆草图。
	源草图，在图形区域选择包覆草图，其名称会显示在框内。
	包覆草图的面，在图形区域选择包覆面，其名称会显示在框内。
	深度，输入数值设定包覆的深度。
	拔模方向，可选择直线、线性边线或平面来设置拔模方向。

图 2-2-64

六、镜向

镜向命令可以通过点击特征工具栏的镜向，或在插入菜单栏选择阵列，再选择镜向进入。

镜向操作步骤：

（1）以上视基准面、前视基准面、右视基准面和矩形为例，先选择上视基准面进入草图绘制，在绘图区以原点为中心点，绘制一个长为 40 cm、宽为 20 cm 的中心矩形后退出草图绘制。

（2）进入拉伸凸台 / 基体命令，往任意方向拉伸，给定深度 3 cm，点击凸台 – 拉伸属性管理器左上角的"√"退出命令。

（3）点击矩形凸台的正面进入草图绘制，正视于绘制面并绘制一个边长为 3 cm 的正方形，设定正方形离矩形的上边和左边的距离为 2 cm，如图 2-2-65 所示。

（4）进入拉伸凸台/基体命令，往凸向拉伸，给定深度 20 cm，点击凸台－拉伸属性管理器左上角的"√"退出命令，如图 2-2-66 所示。

（5）在设计树中鼠标右键点击右视基准面设置绘图区显示右视基准面，进入镜向命令，选择右视基准面作为镜向面，其名称会显示在框内。点击矩形拉伸凸台作为镜向的特征，其名称会显示在框内。绘图区会出现镜向命令的预览效果，如图 2-2-67 所示，点击镜向属性管理器左上角的"√"退出命令。

（6）在设计树中鼠标右键点击右视基准面设置绘图区隐藏右视基准面，鼠标右键点击前视基准面设置绘图区显示前视基准面，进入镜向命令，选择前视基准面作为镜向面，其名称会显示在框内。点击两个矩形拉伸凸台作为再次镜向的特征，其名称会显示在框内。绘图区会出现镜向命令的预览效果，如图 2-2-68 所示。点击镜向属性管理器左上角的"√"退出命令，在设计树中鼠标右键点击前视基准面设置绘图区隐藏前视基准面，按住鼠标滚轮移动鼠标翻转视图查看预览效果，如图 2-2-69 所示。

图 2-2-65 绘制正方形　　图 2-2-66 凸台拉伸

图 2-2-67 预览效果　　图 2-2-68 预览效果

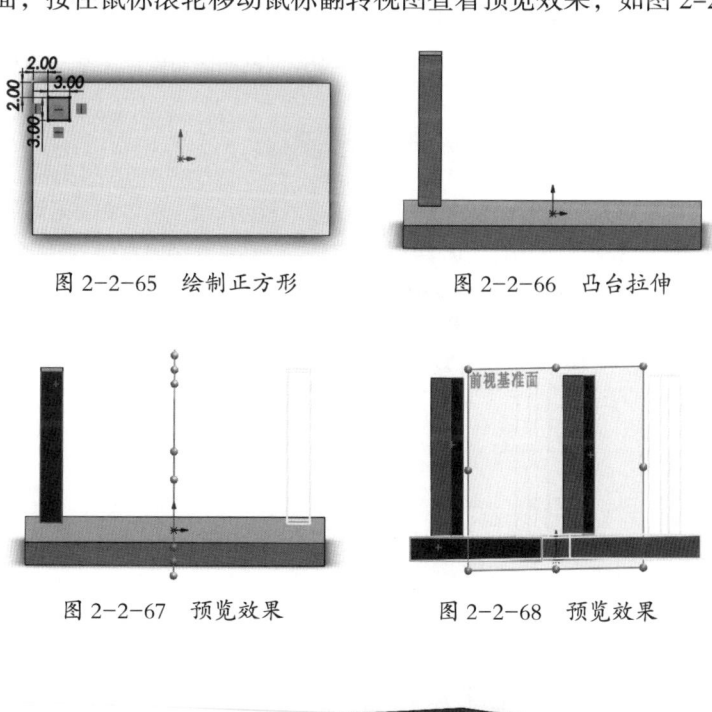

图 2-2-69 镜向

在使用镜向命令时，可在镜向属性管理器中更改相关参数或进行相关操作，如表 2-2-11、图 2-2-70 所示。

表 2-2-11　镜向属性管理器相关参数及操作含义

相关参数	操作含义
	在图形区域选择面或基准面作为镜向面，其名称会显示在框内。
	在图形区域选择一个或多个要镜向的特征，其名称会显示在框内。
	在图形区域选择要镜向的面，其名称会显示在框内。
	在图形区域选择一个或多个要镜向的实体，其名称会显示在框内。
几何体阵列	当勾选时，会加速特征的生成和重建。
合并实体	当勾选时，源实体和镜向的实体合并为一个实体。
缝合曲面	当勾选时，源曲面实体和镜向的曲面实体合并为一个曲面实体。

图 2-2-70

小结

本节介绍的实体编辑命令是在不改变建模实体主要形状的前提下，通过圆角、阵列、抽壳、包覆、镜向等特征命令进行局部修饰，需要重点掌握实体编辑命令的操作方法，区分各参数以及形成的实体效果，并注意区分实体建模命令与实体编辑命令。

第三章　3D 打印

在 SolidWorks 软件中设计并建造好三维模型后，将其另存为 stl 格式并导出至桌面，使用切片软件将三维模型分层切片，设定好各种打印参数后，另存为 Gcode 格式并导出至硬盘，方便脱机进行 3D 打印操作。本章主要介绍切片软件、3D 打印机等。

第一节　切片软件

切片软件的主要作用是将三维模型分层切片处理，根据模型形状自动计算生成不同的路径，从而生成 3D 打印机可识别的 Gcode 格式文件。

Cura 是常见的切片软件之一，具有开源、免费、跨平台、操作简单等特点。接下来将介绍 Cura 的用户界面和操作步骤。

一、用户界面介绍

Cura 用户界面主要由菜单栏、工具栏、参数设置区、视图区、模型工具区、视图模式区六部分组成，如图 3-1-1 所示。

图 3-1-1

1. 菜单栏

菜单栏位于用户界面的最上方，包含文件、工具、机型、专业设置和帮助五个选项。菜单栏选项介绍见表3-1-1。

表 3-1-1　菜单栏选项

选项	说明
文件	有读取模型文件、保存模型、重新载入模型、清除所有模型、打印、Save Gcode、偏好配置、机型设置等选项。 需要注意的是，在导入模型文件前，可根据打印机参数提前在机型设置选项中设定机器的最大打印尺寸和构建平台形状。
工具	有同时打印多个模型和逐个打印模型两个选项，根据需求选择。
机型	有添加机型、机型设置、机器调试等选项。
专业设置	有切换到快速打印模式、切换到完整配置模式、额外设置等选项，最常用的是切换到完整配置模式选项。
帮助	可检查更新版本。

2. 工具栏

工具栏位于视图区的左上方，可以快速导入模型文件和保存模型文件，如图3-1-2所示。工具栏选项介绍见表3-1-2。

图 3-1-2

表 3-1-2　工具栏选项

选项	说明
导入模型文件	点击可快速导入模型文件，在视图区可见。
保存模型文件	点击可快速保存Gcode格式模型文件。

3. 参数设置区

参数设置区位于菜单栏的下方，视图区的左侧位置，通过调整不同的参数实现不同的打印效果，如图3-1-3所示。基本、高级参数介绍见表3-1-3及表3-1-4。

图 3-1-3

表 3-1-3 基本参数

参数	说明
层厚	指每层的厚度，一般设置范围为 0.1～0.3 mm。0.1 mm 精度高，打印时间相对增加；0.3 mm 精度较差，打印时间缩短。
壁厚	指外壁的厚度，一般设置为高级参数喷嘴孔径的整数倍，默认参数为 0.8 mm，可根据需要调整为 1.2 mm，打印时间会相对增加。
开启回退	当勾选时，在非打印区域移动喷头时，可以避免多余的拉丝。
底层/顶层厚度	指底层和顶层的厚度，一般为层厚的整数倍，当填充密度为 20% 时，厚度为 1 mm 比较理想，小于 1 mm 时模型顶层可能会有漏洞。
填充密度	指模型内部的填充密度，0% 为空心，100% 为实心，密度越大，模型强度越高，打印时间也会相对增加。
打印速度	指打印时喷头的移动速度，速度越快，精度相对越差，一般设置为 30 mm/s 以下。
打印温度	指打印时喷头的温度，PLA（聚乳酸塑料颗粒）一般设置为 210 ℃。
热床温度	指打印时热床的温度，PLA 一般设置为 70 ℃。
支撑类型	指模型悬空部分可选择的支撑方式，默认为无，可根据需要调整。"延伸到平台"将会只创建可以到达平台的支撑材料，通常使用此选项建立支撑。"所有悬空"指模型所有悬空的部分都创建支撑。
粘附平台	指模型在平台上的粘附方式，默认为无，可根据需要调整。沿边会在模型底边周围增加数圈薄层，圈数可调。底座会在打印模型前打印一个网格状底盘。
直径	指打印材料的直径，PLA 直径一般为 1.75 mm。
流量	指喷头出丝比例，设为 100%。
喷嘴孔径	固定为 0.4 mm，过大或过小都会引起送料异常。

表 3-1-4　高级参数

参数	说明
回退速度	指打印过程中喷头跨越非打印区域时不吐耗材并往回抽耗材的速度，这里是指单次回抽耗材的速度，范围为 80～100 mm/s，一般设置为 80 mm/s，过高的速度可能会让丝磨损。
回退长度	指单次回抽耗材的长度，范围为 2.5 mm～5.0 mm，一般设置为 4.5 mm，设置为 0 时不会回退。
初始层厚	指打印第一层的厚度，较厚的底部可以使材料和平台粘附得更好，默认设置为 0.3 mm。
初始层线宽	指第一层的挤出宽度，默认设置为 100%。
底层切除	指当模型底部不平整或太大时，可以设置此参数将模型下沉，超过蓝色视图区域的模型将不会被打印出来，默认设置为 0 mm。
两次挤出重叠	当所打模型有不同颜色时，可以添加一定的重叠挤出，让两个不同颜色融合得更好。
移动速度	移动喷头时的速度，指非打印状态下的移动速度，建议不要超过 150 mm/s，否则电机可能会丢步。
底层速度	指打印底层的速度，这个值通常会设置得很低，这样能使底层和平台粘附得更好。
填充速度	指打印内部填充时的速度，设置为 0，会使用打印速度作为填充速度。
顶底速度	指打印顶层和底层时的速度，设置为 0，会使用打印速度作为顶底速度。
外壳速度	指打印外壳时的速度，设置为 0，会使用打印速度作为外壳速度。
内壁速度	指打印内壁时的速度，设置为 0，会使用打印速度作为内壁速度。
每层最小打印时间	指打印每层至少要耗费的时间，在打印下一层前留一定的时间让当前层冷却。如果当前层很快会被打印完，那么打印机会适当降低速度，以保证有这个设定时间。
开启风扇冷却	在打印期间开启风扇冷却，这在快速打印时是很有必要的。

除了基础设置和高级设置以外，还有专业设置，这里不做详细介绍，学生可以自行查阅资料，继续学习。

4. 视图区

视图区位于用户界面的中心位置，呈蓝色方块显示。当导入模型文件时，模型在蓝色方块内未超过打印机最大尺寸的情况下，其在视图区呈黄色显示，如图 3-1-4 所示；但当模型在蓝色方块外已超过打印机最大尺寸时，其呈灰色显示，如图 3-1-5 所示。因此，在打开模型文件后，应调整至合适的打印尺寸，打印文件才能被保存并进行打印操作。长按模型移动鼠标可以移动模型的位置，滑动鼠标滚轮可以缩放视图，长按鼠标右键并移动鼠标可以旋转视图。

图 3-1-4　合理尺寸　　　　　　图 3-1-5　不合理尺寸

5. 模型工具区

模型工具区是在导入模型文件后才显示在视图区的左下方位置，先鼠标左键点击模型后再依次点击工具区的旋转、缩放和镜向三个选项将模型进行调整至合适的打印尺寸，如图 3-1-6 所示。

图 3-1-6　旋转、缩放和镜向选项

旋转步骤：

（1）导入模型文件，鼠标左键点击模型后再点击工具区的旋转选项，视图区会出现绿色、黄色、红色线圈，如图 3-1-7 所示。

（2）将鼠标移动至某一颜色线圈，线圈高亮显示，长按并移动鼠标，模型会根据线圈旁显示的角度进行旋转，如图 3-1-8 所示，长按黄色线圈移动鼠标将模型向下旋转 15°，松开鼠标即为旋转完成。

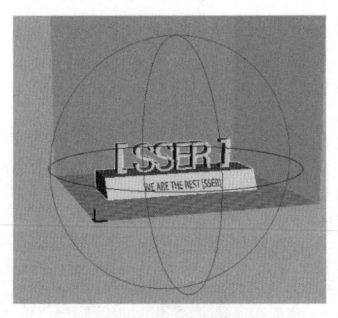

图 3-1-7　旋转视图　　　　　　图 3-1-8　Y 轴旋转

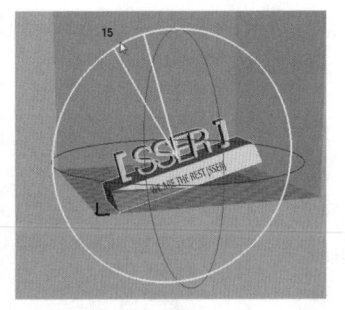

缩放步骤：

（1）导入模型文件，鼠标左键点击模型后再点击工具区的缩放选项，视图区会出现红色、绿色、蓝色、白色小正方体，如图 3-1-9 所示。

（2）将鼠标移动至某一颜色小正方体，会显示目前模型的比例，长按并移动鼠标，模型会根据小正方体旁显示的比例进行缩放，如图 3-1-10 所示，长按蓝色小正方体移动鼠标将模型从 0.5 放大到 0.6，松开鼠标即为缩放完成。也可以在点击缩放选项后，在弹出的表格内输入比例或长度调整至合适的打印尺寸，如图 3-1-11 所示。

图 3-1-9　缩放视图　　　　图 3-1-10　放大比例

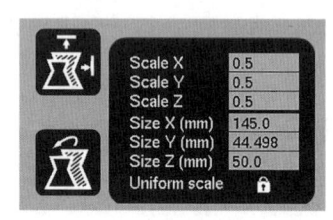

图 3-1-11　缩放参数设置

镜向：导入模型文件，鼠标左键点击模型后再点击工具区的镜向选项，选择沿 X / Y / Z 轴镜向即可。

6. 视图模式区

视图模式区位于视图区的右上方位置，点击视图模式，会出现 Normal 常规模式、Overhang 悬空模式、Transparent 透明模式、X-Ray 透视模式和 Layers 分层模式五种模式，如图 3-1-12 所示。一般最常用的是常规模式，但想要观察细致和实现分层效果，可以选择分层模式，可以在参数设置区一边调整参数，一边上下拉动右下侧的层数条观察模型变化，如图 3-1-13 所示。

图 3-1-12　五种视图模式　　　图 3-1-13　分层模式下，填充密度为 20% 的模型

二、切片软件操作步骤

以实体建模软件 SSER 为例。

（1）导入：点击工具栏的导入模型文件，将 SSER 的 stl 格式文件导入至视图区，此时的 SSER 模型超出打印机最大尺寸，呈灰色显示，如图 3-1-14 所示。

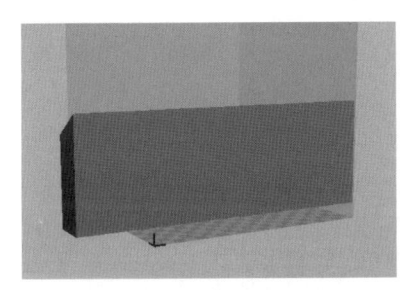

图 3-1-14　不合理尺寸

（2）缩放：鼠标左键点击模型后再点击工具区的缩放选项，在弹出的表格内输入比例 0.5，如图 3-1-15 所示。SSER 模型未超过打印机最大尺寸，呈黄色显示，如图 3-1-16 所示。

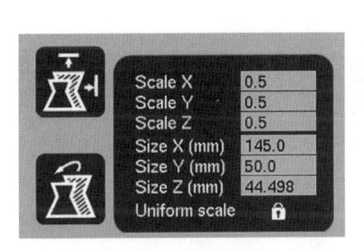

图 3-1-15　缩放参数设置　　　图 3-1-16　合理尺寸

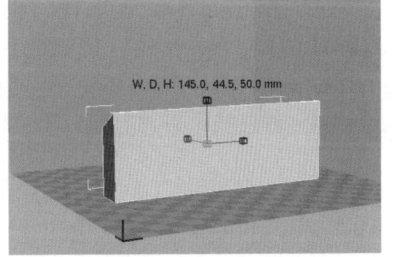

（3）旋转：鼠标左键点击模型后再点击工具区的旋转选项，视图区会出现绿色、黄色、红色线圈，长按绿色线圈并移动鼠标，将模型向外旋转 90°，如图 3-1-17 所示。

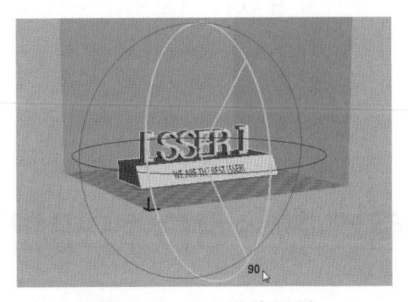

图 3-1-17　旋转视图

（4）参数设置：在基本参数设置区修改相关参数。层厚：0.2 mm；壁厚：0.8 mm；勾选自动回退；底层/顶层厚度：1 mm；填充密度：20%；打印速度：20 mm/s；打印温度：210 ℃；热床温度：70 ℃；支撑类型：无；粘附平台：无；直径：1.75 mm；流量：100%；喷嘴孔径：0.4 mm。高级参数设置区的其他参数可以不做修改，如图 3-1-18 所示。此时工具栏的打印图标下方显示打印时长需要 8 时 34 分，所需耗材长度 19.51 米，重量 58 克，如图 3-1-19 所示，可以根据实际情况修改相关参数缩短打印时间。

图 3-1-18　　　　图 3-1-19

（5）保存 Gcode 格式文件：点击文件，选择 Save Gcode，重命名为 SSER 保存至硬盘，方便打印，见图 3-1-20。

图 3-1-20

小结

本节主要介绍切片软件的基本概念、界面布局、功能特点和基本操作步骤。切片软件是 3D 打印的核心工具，掌握切片软件的使用是实现 3D 打印的关键技能，需要熟练掌握其界面、功能和参数调整方法，只有这样才能够显著提升打印成功率、节省材料并优化成品质量。

第二节　3D 打印机

3D 打印机以数字模型文件为基础，运用 3D 打印材料，通过逐层打印的方式构造成型，在实体建模中有重要应用。本节将简单介绍采用熔融沉积成型技术的 3D 打印机的结构和使用步骤。

一、3D打印机结构

常见的3D打印机是由机体框架、X-Y-Z轴运动系统、送料机、打印喷头、散热风扇、热床和数控显示屏七大部分组成，如图3-2-1所示。3D打印机各结构功能见表3-2-1。

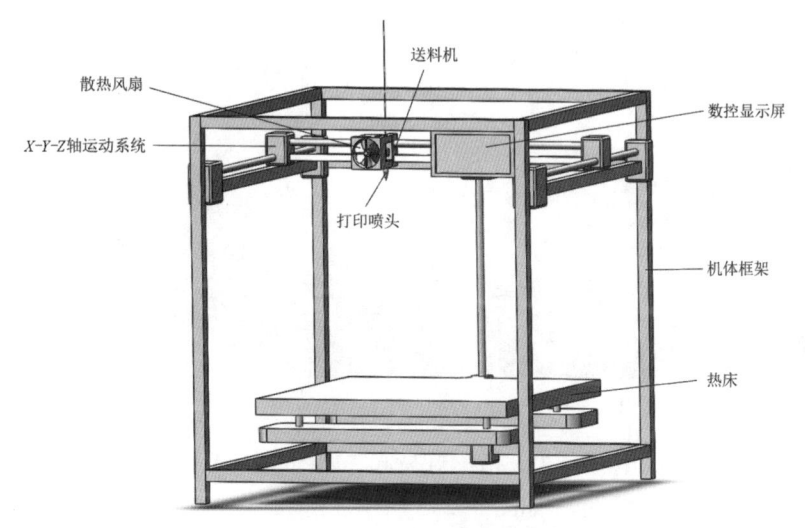

图 3-2-1　3D打印机基本组成部分

表 3-2-1　3D打印机各结构功能

基本结构	功能
机体框架	为3D打印技术提供机械支撑和稳定的工作环境。
X-Y-Z轴运动系统	由电机驱动系统和丝杆转动控制打印喷头的X、Y轴方向移动和热床的Z轴方向移动。
送料机	起到运送3D打印材料。
打印喷头	由加热模块和喷头组成，通过加热融化材料，并将材料从喷头细孔挤出成型至热床，其温度可达200 ℃以上。
散热风扇	帮助喷头和模型冷却降温。
热床	承载模型的工作平台，温度可达100 ℃。
数控显示屏	控制3D打印机的操作，可显示打印机的运行状态。

在使用3D打印机前，需要注意以下事项：

（1）将3D打印机放置在通风处打印，并远离水和高温。

（2）3D打印机的喷头和热床在移动期间，禁止用手触摸或用其他物体触碰。

（3）在3D打印机工作期间，喷头的温度将达到200 ℃以上，热床的温度可达到100 ℃，高温状态下禁止用手触摸，防止烫伤。

（4）当剔除支撑材料或者将打印后的模型从热床取下时，可带上护目镜保护眼睛，防止被细微的3D打印材料碎片溅伤。

二、3D 打印机操作步骤

以实体建模软件 SSER 为例。

（1）连接 3D 打印机的电源，如图 3-2-2 及图 3-2-3 所示。

图 3-2-2 　　　　　　　　　　　　图 3-2-3

（2）按下打印机的电源开关，指示灯亮起，如图 3-2-4 所示。打印机会发出"哔"的声音，数控显示屏也会亮起，如图 3-2-5 所示。

图 3-2-4 　　　　　　　　　　　　图 3-2-5

（3）将 3D 打印耗材（聚乳酸塑料颗粒，PLA）放至 3D 打印机后面的耗材架上，如图 3-2-6 所示。找到耗材的头部，剪切成斜口，如图 3-2-7 所示。按下送料机的压手，将耗材放入送料机，插入直至耗材头部抵住喷头入口处为止，如图 3-2-8 及图 3-2-9 所示。

图 3-2-6

图 3-2-7

图 3-2-8

图 3-2-9

（4）点击数控显示屏的移动，此时移动幅度为 1 mm，指每点击一次，喷头向 X、Y 轴方向或热床向 Z 轴方向将移动 1 mm，如图 3-2-10 所示。为了方便快速调整热床的高度，可再点击一次移动幅度，将其变更为 10 mm，多次点击热床的 Z 轴方向，使热床向上或向下移动，调整热床至合适的高度，如图 3-2-11 所示。粘贴 3D 美纹纸，有助于减少模型在打印过程中出现翘边和变形的问题，如图 3-2-12、图 3-2-13 及图 3-2-14 所示。

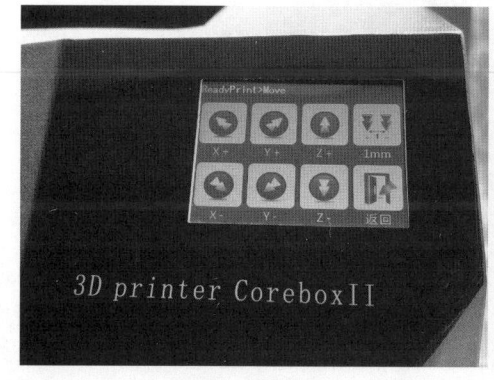

图 3-2-10

图 3-2-11

图 3-2-12

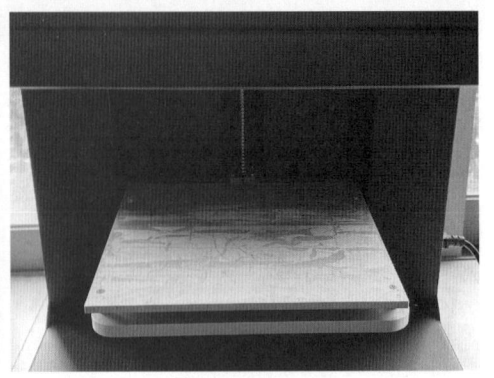

图 3-2-13

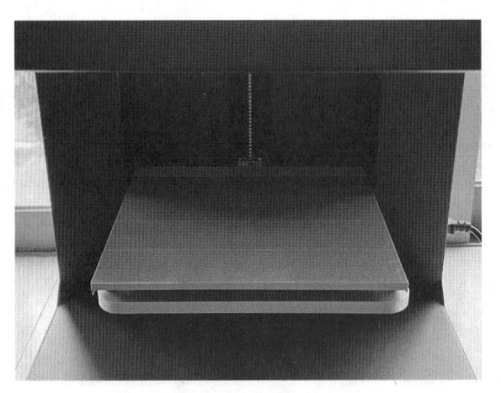

图 3-2-14

（5）将含有 SSER Gcode 格式文件的硬盘插入 3D 打印机侧面的 USB 接口处，如图 3-2-15 所示。

图 3-2-15

（6）点击数控显示屏的设置，如图 3-2-16 所示。选择文件系统，选择 U 盘后返回至主界面。如果插入的是 SD 卡，则选择 SD，如图 3-2-17 所示。3D 打印机会根据选择读取相关文件。

图 3-2-16 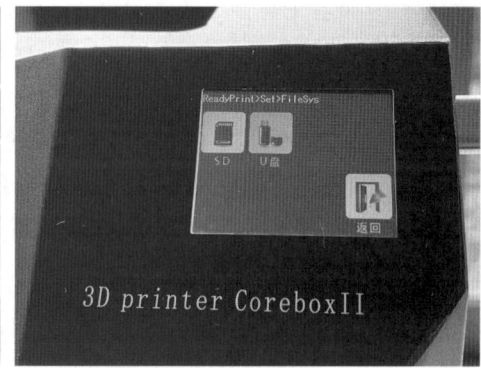　　　　　　　　　　　　　图 3-2-17

（7）点击数控显示屏的预热，界面显示为喷头 1 默认加热至目标温度 180 ℃，此时喷头 1 的温度是 27 ℃。加热温度为 1 ℃，指每点击一次增加，目标温度将增加 1 ℃，如图 3-2-18 所示。为了方便快速调温，可点击两次加热温度，将其变更为 10 ℃，指每点击一次，目标温度将增加 10 ℃。将喷头 1 的目标温度增加至 210 ℃，等待数秒直至喷头 1 加热至目标温度，如图 3-2-19 及图 3-2-20 所示。

图 3-2-18 　　　　　　　　　　　　　图 3-2-19

图 3-2-20

（8）返回至主界面，点击挤出，界面显示为喷头1默认挤出0 mm，挤出长度为1 mm，指每点击一次进料，3D打印耗材将进料1 mm，如图3-2-21所示。为了方便快速挤出，可点击两次进料长度，将其变更为10 mm，指每点击一次进料，3D打印耗材将进料10 mm。将喷头1的进料目标长度增加至20 mm，如图3-2-22所示，观察喷头1耗材挤出情况。如果喷头1还没有挤出耗材，则试着将喷头1的进料目标长度多次增加，直至喷头1有耗材挤出，或检查耗材是否从一开始就没有抵至送料机的喷头1处。

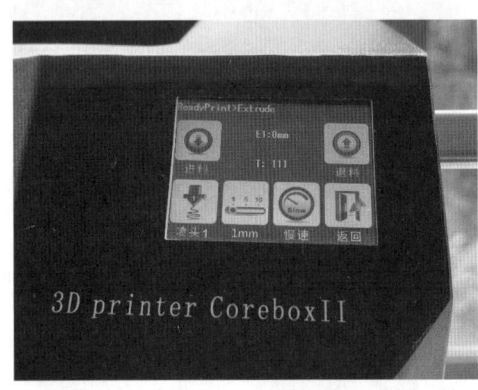

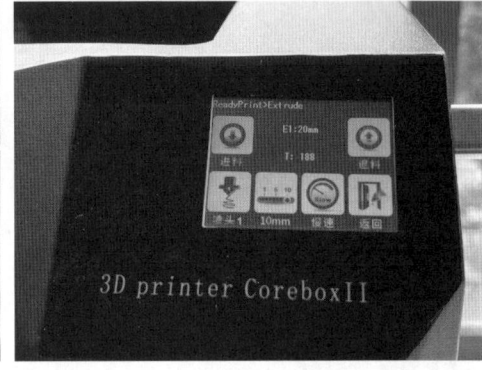

图 3-2-21

图 3-2-22

（9）当喷头1可以挤出耗材时，观察挤出的耗材颜色，如果3D打印机后面的耗材架放的是红色耗材，而喷头1挤出的却为其他颜色时，说明之前使用3D打印机时在打印机内部还遗留有耗材，点击进料目标长度，直至喷头1挤出红色耗材，再进行下一步的打印操作。返回主界面，点击打印，选择SSER文件进行打印，如图3-2-23及图3-2-24所示。点击OK确认打印，等待数秒，3D打印机将移动热床和喷头进行打印准备，数控显示屏会显示打印时长和打印进度，如图3-2-25及图3-2-26所示，遇特殊情况时，可以点击暂停或取消打印。

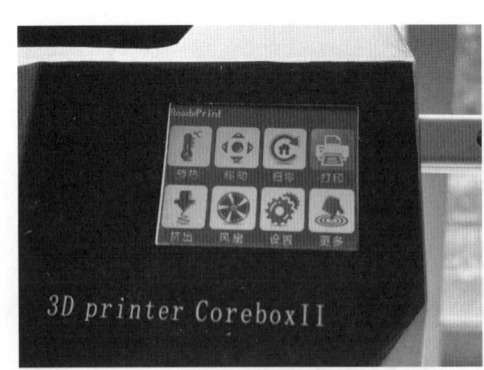

图 3-2-23

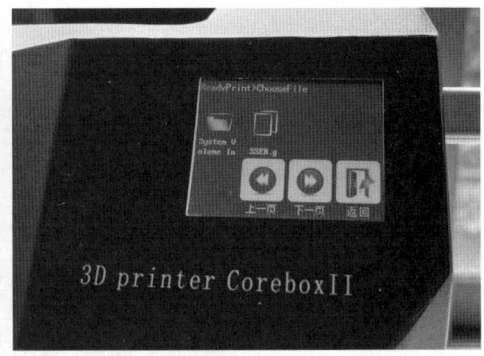

图 3-2-24

图 3-2-25 　　　　　　　　　　　　图 3-2-26

（10）3D 打印过程中，可以通过多角度观察 3D 打印作品的情况，如图 3-2-27、图 3-2-28 及图 3-2-29 所示。3D 打印完成后，数控显示屏的进度条会显示 100%，并显示打印所使用的实际时间，如图 3-2-30 所示。此时点击数控显示屏的返回，点击移动，多次点击热床的 Z 轴方向，使热床向下移动，调整热床至合适的高度，用铲刀将模型与平台分离取下即可，如图 3-2-31 及图 3-2-32 所示。

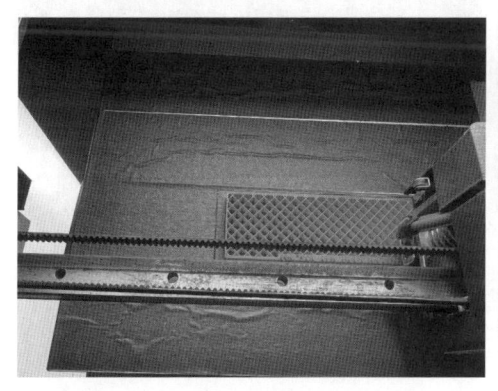

图 3-2-27 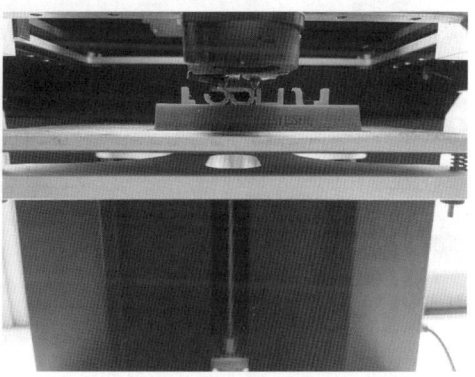　　　　　　　　　　　　图 3-2-28

图 3-2-29 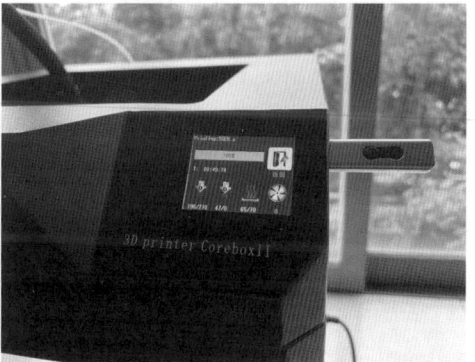　　　　　　　　　　　　图 3-2-30

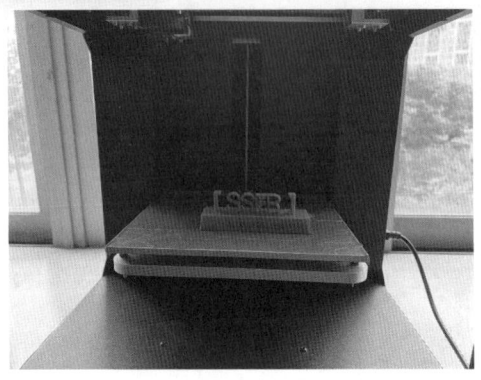

图 3-2-31 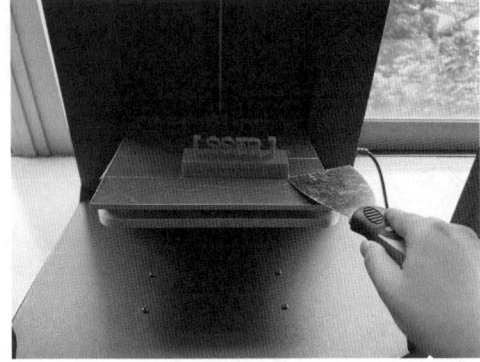　　　　　　　　　　　　　图 3-2-32

（11）3D 打印出来的作品表面通常会出现粗糙、边角不平、不够圆润的情况，不利于使用及观赏，如图 3-2-33 所示。有条件的情况下可以使用美工刀、镊子、砂纸等工具进行 3D 打印后的处理工作，使成品更加美观，如图 3-2-34 所示，此时 3D 打印作品完成。

图 3-2-33 　　　　　　　　　　　　　图 3-2-34

三、学生打印作品展示

学生可以通过 SolidWorks 软件独立设计建模，或使用三维扫描仪对模型进行三维扫描，或在网上下载三维模型获取三维建模文件，然后使用 3D 打印机进行打印，获得 3D 打印作品。以下是学生自主进行 3D 打印的作品，他们将创意和想象力转化为现实。

第三章 3D打印

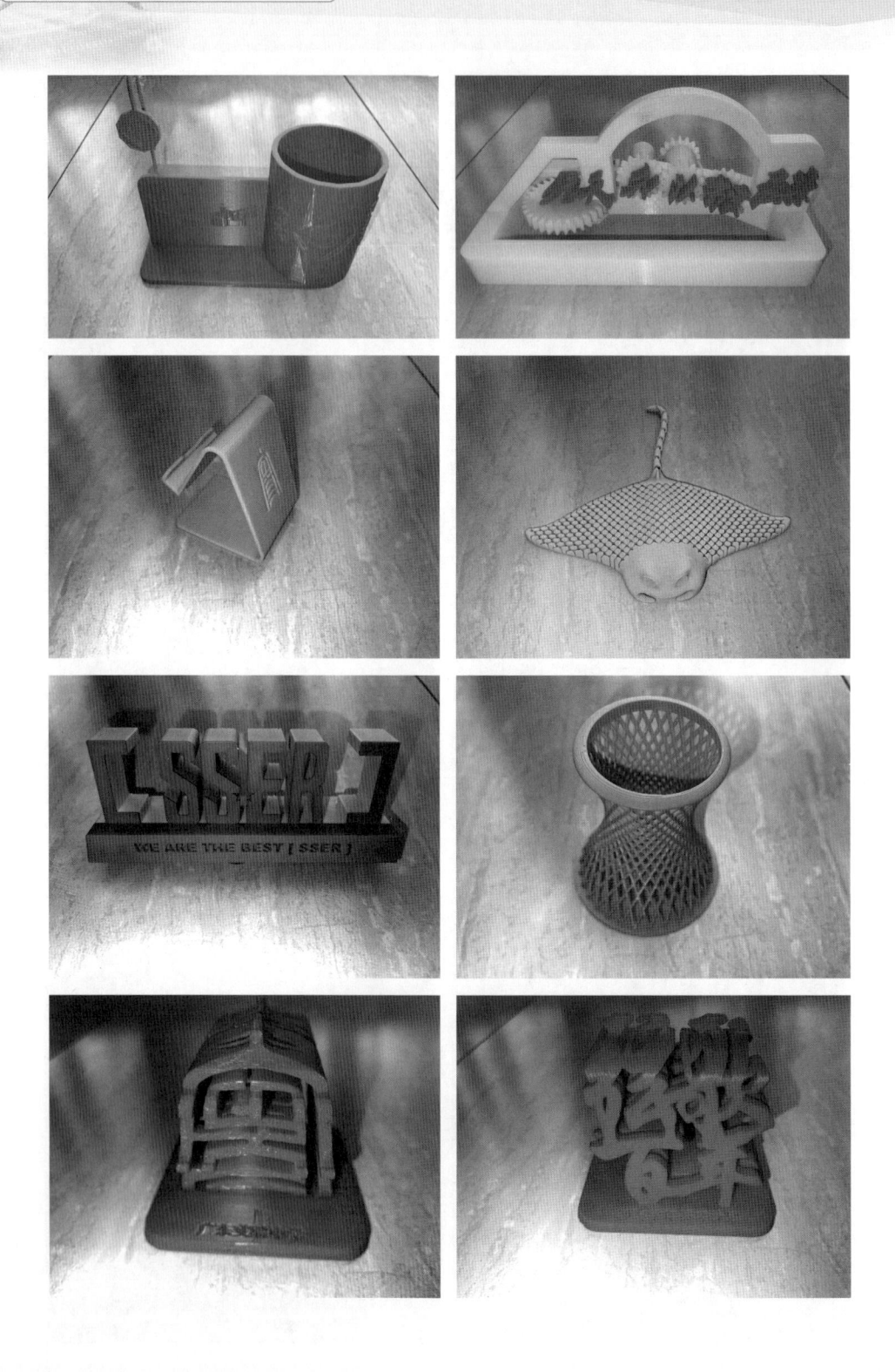

高中生创造力培养课程之 SolidWorks 篇

第三章 3D打印

高中生创造力培养课程之 SolidWorks 篇

图 3-2-35

小结

  本节主要介绍 3D 打印机的基本结构、注意事项、基本操作步骤，以及展示了运用 3D 打印技术制作的多样化创意作品。通过熟练掌握 3D 打印机的结构和安全操作，再结合创新思维，将数字设计转化为实体作品，展示了 3D 打印在教育领域的广泛应用前景。

第四章　SolidWorks 应用案例

　　SolidWorks 软件具有强大的产品设计功能，能帮助学生将复杂的创意理念变成可视化的设计图形。本章以创意作品图形设计、发明作品图形设计及灯笼设计与制作三类案例去展示 SolidWorks 软件在学生发明创造设计与制作及劳动学科教学中的应用，为学生参加科技竞赛及教师教育教学提供帮助及参考。

第一节　创意作品图形设计

　　学生在进行科技项目创造过程中，通常因为该科技项目创意的独特性、复杂性，很难通过手绘保存起来，因此很多好的科技项目创意只能昙花一现，不能变成可以展示和交流的图形。而且学生在与同学、指导教师、专家等交流的时候，有时很难用语言来描述该科技项目奇妙的设计理念、富有想象力的创新结构及科幻般的造型的情况，从而错过了通过交流，进一步提升创意作品的机会。

一、创意作品图形设计的三要素

　　创意作品图形设计是一种通过丰富的图形元素进行艺术表达，并以视觉方式展示和表达创意作品信息的设计活动，融合了非常多的学科知识，是一个创造性思维转化为创造性图形的过程。在创意作品设计过程中，要注重创意作品设计的三要素，具体设计要素如下。

1. 创造性、实用性的设计

　　运用图案的线条、形状、空间构造等要素，去设计出与众不同的物品，而且该物品具有一定功能性，能满足创意作品的设计用途。

2. 内涵丰富、和谐统一的色彩搭配

　　用色彩的明暗、饱和度、互补关系及分布去丰富图形的内涵，将创意内涵通过色彩表达出来，如：红色表示活泼、热情、张扬及火热等；绿色表示清新、生命、健康等；

橙色表示青春、时尚、动感及激情等；黄色表示温暖、希望、愉悦及丰收等；蓝色表示和平、自由、安定及纯洁等。同时注意色彩搭配使得整体纹样和谐统一，不能让人感觉杂乱无序等。

3. 合理、实用的构图布局

合理、实用的构图布局需要充分考虑图案各要素的大小、方位，以及各要素之间的链接等；让整体的构图美观、有序和协调。

二、创意作品图形设计案例

案例一：省实科技之光（作者：2021级11班莫皓丞　指导教师：王剑、陈飞燕）

作品简介：省实科技之光，既可作为摆件，也可用于省实优秀学生科技作品的展示。

作品展示：该展示台由黄铜材质地台、木制旋转立方体、顶部三根木制弯曲折棍及中间蓝色玻璃底座四个部分组成。通过抽象化的科技作品展台，传递省实人爱国、团结、求实、创新的精神，表达对省实科技人的无限赞美。

设计理念：科技作品展台以黄铜作为地台，象征省实学子坚定的内心和坚持不懈的精神；木制旋转的立方体正如省实学子婀娜曼妙的身姿，象征省实人丰富的爱好、广泛的才艺；顶部三根木制弯曲折棍，象征省实的教职工、后勤人员及社会各界人士是省实学子的坚实后盾；蓝色玻璃底座，象征在省实培养下，省实学子将青出于蓝，而胜于蓝；蓝色玻璃底座上面放置了一个可以发光的透明瓶，象征优秀科技学子获得的光辉成就。

创新点：

（1）通过摆件的材质、抽象化的造型、具有寓意的物品去展示和凸显省实精神、省实风格，展示学校三大特色教育之科技教育的成效。

（2）该作品不仅是一件摆件，还可以用于科技作品展示，具有观赏、展示等多种功能。

SolidWorks运用的特征命令：凸台拉伸、扫描、旋转、圆角、倒角、放样、包覆、基准面。

SolidWorks设计难点：

（1）地台的草图是绘制了两个长方形作为放样的截面，通过调整放样路径的点，使地台呈现一种扭曲的效果，从而增加作品的高级感。

（2）中间的透明瓶的线条。在使用草图放样命令时，需要不断调整基准面之间的高度、截面圆的大小和引导线的弯曲程度，才能最终放样形成透明瓶外表的流畅线条。

（3）顶部三根木制弯曲折棍。通过设计绘制了长短不一的三条扫描路径，从而产生高度差，用来增加整体的几何感设计。

设计效果图如图4-1-1至图4-1-6所示。

图 4-1-1　主视图 　　　　图 4-1-2　后视图

图 4-1-3　左视图 　　　　图 4-1-4　右视图

图 4-1-5　俯视图 　　　　图 4-1-6　仰视图

案例二：智能风扇台灯（作者：2021 级 15 班赵言之　指导教师：王剑、陈飞燕）
作品简介：智能风扇台灯，是一款学生桌面台灯。

作品展示：该台灯造型独特，由金属底座、可弯曲灯柱、椭圆体灯顶（在椭圆体顶部挖出直径 3 cm、高 3 cm 圆柱体坑，安装 LED 氛围灯）及安装在椭圆体灯顶的扇叶组成。通过底座开关可以控制风扇的转动、椭圆体灯顶上方的 LED 氛围灯。

设计理念：

（1）将台灯跟风扇相结合，不仅环保，而且实用，可以将照明、吹风及室内空气流动融合在一起。

（2）造型独特,融入优美的线条及结构设计，让人赏心悦目，增加室内的装饰效果。

（3）可调节，能适应不同学生身高及学习习惯，保护眼睛，防止近视。

创新点：

（1）将挂扇灯的理念应用于桌面台灯，实现空间的有效利用。

（2）将人体美学应用到台灯的外形设计，同时增加了 LED 氛围灯，把日常使用的台灯变成一个装饰房间的摆件。

（3）灯柱采用可左右上下调节的软管，能让学生将风扇台灯调整到最佳的吹风位置及照明光线。

SolidWorks 运用的特征命令：凸台拉伸、拉伸切除、扫描、旋转、圆角、基准面。

SolidWorks 设计难点：

（1）四片扇叶的设计。完成了扇叶的三角形草图绘制后，使用凸台拉伸特征命令进行凸台拉伸，考虑到扇叶边缘过于锋利的情况，因此加上了圆角命令优化扇叶两侧边缘。

（2）灯柱与底座的连接处。需要先绘制一个圆的草图作为草图轮廓，再绘制一个钝角，使用圆弧命令连接钝角的两条直线的中点作为扫描路径，最后使用扫描命令完成连接处的建模。在此处的建模过程中，需要不断调整合适的圆的大小和钝角的角度，否则扫描后，连接处的另一侧圆截面会与底座相重合，不能连接可弯曲灯柱。

设计效果图如图 4-1-7 至图 4-1-12 所示。

图 4-1-7　主视图　　　图 4-1-8　后视图

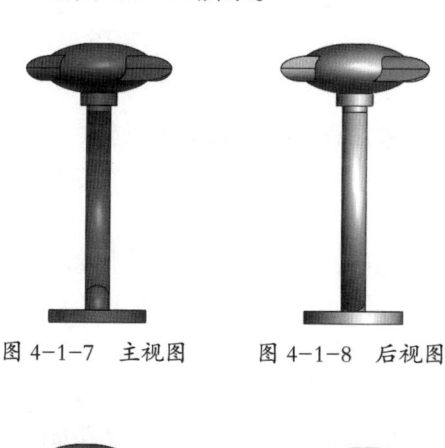

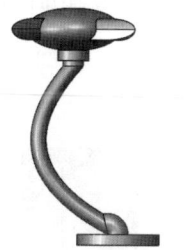

图 4-1-9　左视图　　　图 4-1-10　右视图

131

图 4-1-11 俯视图　　　　图 4-1-12 仰视图

案例三：知识的海洋摆件（作者：2021级15班郑臻　指导教师：王剑、陈飞燕）

作品简介：知识的海洋摆件。

作品展示：由波浪形状的底座及书本组成；书本象征知识，波浪形状的底座象征知识的海洋。寓意在知识的海洋中蕴含无穷的知识，省实人将认真学习一本本书籍，不断攻克知识的重点和难点，掌握知识。

设计理念：

（1）用刻有省实人的知识的海洋摆件，让同学们时刻牢记省实人精神，争做"三高四优"的省实人，即：高境界做人、高质量学习、高品质生活；品德优良、学业优秀、能力优异、举止优雅。

（2）将省实人刻在波浪形状的底座上，寓意省实学子将在充满智慧的省实教师的教导下，进行书本知识的学习和内化。

创新点：

（1）用书本、海浪的形状去寓意知识的海洋。

（2）创造具有省实精神象征意义的桌面摆件。

SolidWorks 运用的特征命令：基准面、曲面、凸台拉伸、包覆。

SolidWorks 设计难点：

（1）在建模前的独立设想中，作品需要实现以下要求：书本与波浪不能重合；书本与波浪的高度相差不能太大。因此，在整体建模过程中，对书本的大小、支撑柱的高度、波浪的高度及底座的大小进行了多处细微的调整。

（2）波浪形状的设计是通过边界曲面这一命令实现的，利用底座长方形草图的一条对角线，绘制了一条直线作为波浪的高度，再使用边界曲面命令形成流畅的曲面，从而有一种波浪的感觉。

设计效果图如图 4-1-13 至图 4-1-18 所示。

图 4-1-13 主视图　　　　图 4-1-14 后视图

图 4-1-15　左视图　　　　　图 4-1-16　右视图

图 4-1-17　俯视图　　　　　图 4-1-18　仰视图

案例四：省实多功能笔筒（作者：2021 级 17 班郭陈恩蔚　指导教师：王剑、陈飞燕）

作品简介：省实多功能笔筒是一款学生家用的收纳盒。

作品展示：该多功能笔筒可以容纳约 40 支正常规格的圆珠笔，同时下设 15 cm×15 cm 大小的抽屉，可用于摆放橡皮、便笺纸、尺子、圆规等常用的学习用品。为了方便学生用手机进行网课学习，右侧为手机支架，支架下部还有抬高及缺口设计，方便充电时放置手机。

设计理念：

（1）注重色彩搭配和色度调节，配色为低饱和黄粉紫跳色设计，充满童趣的同时亦不会过于刺眼，更加耐看。

（2）加入省实元素，笔筒正面还有"SSER"字样的突起设计，让其具有与众不同的特点。

（3）尺寸大小科学合理，是一个实用且有特色的笔筒。

（4）手机支架充分考虑到手机充电时的使用，具有人性化的特征。

创新点：

（1）将笔筒与手机支架相结合，不仅节约了空间，而且方便用户的使用。

（2）从学生视角去搭配色彩，使其充满童趣；将省实元素融入设计，激发学生的学习热情。

SolidWorks 运用的特征命令：凸台拉伸、拉伸切除、抽壳、基准面。

SolidWorks 设计难点：

（1）为了实现多种功能和空间利用最大化，需要在整体建模过程中，不断地对各功能分区的尺寸进行细微的调整。

（2）手机支架的倾斜角度和支架的高度、长度需要符合大部分手机尺寸，所以在建模过程前，要提前调查目前市场上手机的尺寸，再进行支架的建模。

（3）在建模中还考虑到两方面：一个是"SSER"字样需要在明显的地方进行设计，且字体不能过于小巧；另一个是整体的色彩搭配还需要符合学生现阶段活泼亮丽的特点。所以"SSER"字样使用了凸台拉伸命令，作品的主色调选择了鲜明的黄色。

设计效果图如图 4-1-19 至图 4-1-24 所示。

图 4-1-19 主视图

图 4-1-20 后视图

图 4-1-21 左视图　　图 4-1-22 右视图

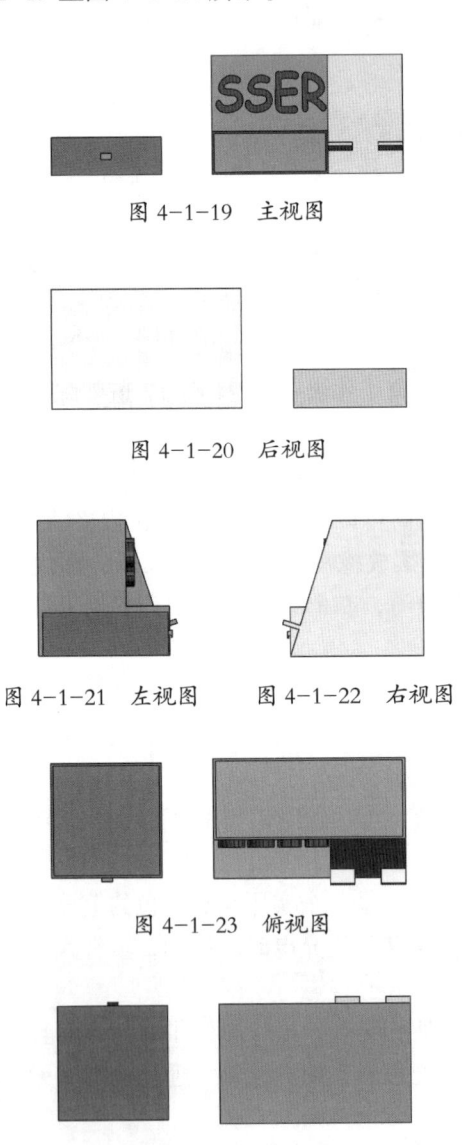

图 4-1-23 俯视图

图 4-1-24 仰视图

小结

本节介绍了创意作品图形设计的三要素，分别是设计要具有创造性和实用性，色彩搭配要内涵丰富、和谐统一，构图布局要合理和实用。通过展示广东实验中学学生优秀创意作品，让读者更加了解创意作品设计。

思考与练习

请你利用节假日的时间到社区、市场、商场、游乐园、公园等地方进行走访调查，并思考出一个创意作品，然后用 SolidWorks 软件绘制出该创意作品，最后完成高中生创造力培养课程之 SolidWorks 创意作品设计表（见表 4-1-1）。

表 4-1-1　高中生创造力培养课程之 SolidWorks 创意作品设计表

班级		姓名	
作品名称			
作品简介			
设计理念			
创新点			
所运用的特征命令			

续上表

设计难点	
创意作品设计图（需要展示主视图、后视图、左视图、右视图、俯视图及仰视图）	

第二节　发明作品图形设计

　　创意和发明是两个密切相关但又有所区别的概念。创意虽然有趣，但它还是停留在大脑的思想层面，不是一个完整的、具体的、实际的"实物"发明作品。要将这个好的、有潜力的创意转化为实际可行的、有形的产物，就需要进行发明的过程。在这个过程中，科学和技术起到了关键性的作用，学生往往需要大量的调查、研究、实验、反复论证来确保创意能够成功地转化为实际的发明作品。

一、发明作品图形设计具体步骤

　　发明作品图形设计是一种将创意付诸实践，结合工业设计、功能设计、产品设计等多个领域的知识，展示发明作品的外观、功能、结构等方面的特点的设计活动。要将创意转化为发明作品，需要经过一系列的步骤，具体步骤如下。

1. 研究背景知识，确定目标

了解创意相关的现有技术、产品、解决方案、竞品和市场，明确创意要解决的问题或需要满足的需求，了解创意在市场中的定位。

2. 收集材料，制作发明作品原型

根据创意的目的、结构、功能等要素，选择合适的材料和工具，根据设计图纸或三维设计模型，制作各个部分的零部件，并组装完成实现创意的"实物化"。制作发明作品原型是将创意转化为发明作品至关重要的一步，因为它将创意的抽象概念转化为可以触摸、感受和测试的具体实体。

3. 对发明作品原型进行测试、评估与优化

完成发明作品原型后，对其进行功能测试和用户体验评估，观察实际使用中作品的表现，检查是否能够实现创意中的所有功能，找出可能存在的问题和改进空间，并进行重复测试和优化，直到能够达到预期的效果。

4. 对发明作品原型进行升华

如果认为发明作品具有商业价值，可以考虑申请专利或其他形式的知识产权保护。如果认为发明作品可以作为市场的商品进行批量生产和销售，可以寻找合作伙伴或投资者，将发明作品推向市场。如果发明作品可以继续进行创新，可以继续关注市场动态和技术发展，不断改进和完善发明作品。

二、发明作品图形设计案例

案例一：自动化水藻监测系统与超声波除藻设备（作者：张泽明、罗中沛、何诗咏　指导老师：王剑）

作品背景：近百年来，由于全球社会及工业的快速发展，人类向湖泊、海洋等水体内排放了大量富含氮、磷的污染物，水体内氮磷营养盐含量急剧增加，进而导致水体中浮游植物过量生长与繁殖，并引发一系列严重的环境问题。广东省地处热带、亚热带地区，温度、湿度、气候非常适合藻类生长，是蓝藻水华易发地区。2011年韩博平等人对广东全省54座重要供水水库存在的蓝藻水华风险和水体富营养化问题进行调查与分析后发现，约70%的水库处于由中营养向富营养的过渡状态，约20%的水库处于富营养状态，广东省重要供水水库水体富营养化程度较高；调查分析结果中蓝藻水华风险较高的水库比例高达37%（20座），而正发生蓝藻水华的水库占22%（12座）。

现阶段，国内外治理藻类水华的方法一般分为三种：物理法、化学法和生物法。物理方法需要花费大量的人力、物力，治标不治本。化学方法容易造成二次污染，直

接威胁鱼类和浮游动物的生存，而且使用量大，大规模水面施工有一定难度，难以达到标本兼治的目的。生物方法虽然效果很好且也最持久，但见效较慢，而且使用不当有可能引起湖泊生态系统的变化。超声波除藻技术作为一种环境友好技术，具有操作和控制容易、便于自动化操作、在处理中不引入其他化学物质、反应条件温和、反应速度快等优点。目前国内外超声波除藻设备多采用单频超声波探头，作用于部分藻类，因此除藻效果有限。

作品介绍：自动化水藻监测系统与超声波除藻设备是一套可适应各种水域环境，全自动一体化在线即时监测水中藻类情况，并实时控制藻类密度，清除过多藻类的作品。本作品由一个在线软件互联网平台以及一套由无人机、智能寻航船和浮标式超声波除藻仪组成的超声波除藻设备构成。

作品意义：本系统可以全自动一体化在线即时监测水中藻类种类、大小、分布等情况，制定出有效的超声波发射模式，从而实时控制藻类密度，清除过多藻类，防止蓝藻水华的爆发。环境友好型除藻系统，不会造成二次污染，同时节约处理的成本。前期研究使用超声波发射系统对广东省常见的鲢鱼、鳙鱼进行了多次实验，证明该系统的超声波发射模式对鲢鱼、鳙鱼的日常生活没有影响；同时超声波除藻设备的超声波发射器是采用向水下或向水面斜向上发射的结构，能较大程度减少对水生物的干扰。智能化系统可以通过巡航船将超声波除藻设备拖动到指定的除藻区域，可以有效地减少超声波除藻设备的数量，从而节约了处理成本。

创新点：

（1）超声波复频技术：复频技术运用了多个超声波发射装置同时向不同的方位发射超声波，提高了除藻的效率，可以使用不同频段的超声波对有害藻类进行有效的清除，对症下药，提高了整体除藻的效果。

（2）水上无人机技术：无人机能够根据风向以及风力来自动调控无人机的各个轮轴的功率以及转速，在刮大风的情况下能够自动保持平衡，保障了拍摄的稳定性。

（3）数据自动分析系统：开发了与监测设备配套的藻类自动在线数据采集、传输和分析评价系统，可实现除藻设备自动读取藻类数据，并自动启动工作。

（4）设备与监测系统联动：开发的复频超声波除藻系统设备可与藻类在线监测系统进行联动，实时监测藻类的密度以及分布情况，并运用物联网以及卫星定位技术进行统计与分析。

（5）吸铁式连接（船与浮标）：在智能藻类巡航探测船以及复频声呐系统的浮标上，各自定点安装着一块球形的部件。该部件由导电绕组缠绕而成，且导电绕组与其中心铁芯功率相配。当有电流通过时，这种部件会像磁铁一样具有磁性。

（6）物联网技术引入：本项目将物联网运用于生态除藻。主要是先将无人机探测到的藻类分布数据上传到物联网上，根据自编程序将数据绘制成直观的藻类分布图，再运用物联网将规划的工作指令传输到电动船上。当电动船接收到物联网传输过来的信息时，会自动根据指令所规划的路线进行工作。

作品应用：该多功能环境友好型复频除藻仪可运用在湖泊、江流、水库、各旅游景点，尤其是具有较严重藻类污染、二次污染、新能源污染的环境中。

作品获奖：2016 年斯德哥尔摩青少年水奖世界第三名。

超声波除藻设备三维设计图如图 4-2-1、图 4-2-2 所示。

图 4-2-1   图 4-2-2

案例二：基于超声波诱导的生态净雨菌剂治理系统（作者：张怡杭、张梓俊、吴极　指导老师：王剑）

作品背景：在水循环的海陆大循环和陆地循环过程中，降水扮演着一个非常重要的角色。降水可以补充地表径流以及湖泊储水，帮助植物蒸腾出的水汽回落到地表，并将海洋上的暖湿气流转变为淡水资源补给陆地。但是，现有的雨水处理技术不成熟，降落到地面的雨水由于城市水泥地面的阻隔不能渗入地下补给地下水。且由于污染源复杂，雨水在地面长时间滞留后会受到严重污染，其中滋生大量细菌，甚至散发恶臭，渗入地下后严重污染地下水。

作品介绍：整套基于超声波诱导的生态净雨菌剂治理系统主要由净雨菌剂和超声波诱导系统组成，还包括水质监测系统，可以为主控电脑提供实时水质数据，从而调整超声波频率，对净雨菌种的种群数量进行调控，从而调控净雨菌种达到净雨的作用。

作品意义：超声波的引入既可提高水质又可帮助引导鱼类远离人类活动的危险区域，更好地保护鱼类。该菌剂通过无机物调节雨水的水质环境促进有益细菌生长，通过有益细菌和有害细菌的种群斗争来抑制、减少有害细菌，从而使雨水水质优化，便于继续利用。

创新点：

（1）净雨菌种：采用以改善雨水水质、有效利用雨水为目的的一种对人体及生态环境无毒无害的，以光能异养型红螺菌、无机物和蛭弧菌作为原料的生态型净雨菌剂。该菌剂具有材料易得、价格低廉、净水效果好的特点，菌剂通过无机物调节雨水的水质环境促进有益细菌生长，通过有益细菌和有害细菌的种群斗争来抑制、减少有害细菌，从而使雨水水质达到国家灌溉、景观和生活杂用水标准。

（2）超声波诱导系统：包括超声波接收器、超声波发声器、基于 NI 数据采集卡的声音处理器、LabVIEW 软件处理系统，主要实现探测信息、显示当前状态、输出频率信息等功能。超声波诱导系统连接电脑，由电脑发出指令来调整发射超声波的频率和启动超声波诱导密度。当使用范围较小时，由超声波诱导系统和净雨菌剂共同构成的单系统即可满足使用要求。在大范围水域应用时，则需要和水质监测仪器、物联网系统一起应用。

（3）物联网控制系统：当部署在使用水域中的水质监测仪器检测水质数据并且传输到控制电脑时，系统通过物联网形成的分布式网络将由系统采集的各种信息汇总到分布式网络的云端数据库上，控制人员可以通过如手机等的各类联网设备，随时随地对系统进行管理，接收系统相关信息，大大减少了管理系统所需的人力资源和管理人员的工作复杂度，起到以点成线、以线成面的大局化效果，真正意义上实现系统的自动、智能和高效。

（4）生态引导系统：本套系统使用的超声波发射装置具有接收和定向发出超声波的功能，可以运用超声波定向传导从而引导对超声波敏感的鱼类。由于超声波系统会发出声波至水中，所以超声波在对菌种进行诱导的同时，同样会对鱼类在水中起到引导作用，如在鱼塘中，使鱼类的游动路线能符合人类的预期，到达既定的地点。

作品应用：基于降水区域和降雨量的地区性差异，生态治理系统主要分为大范围和小范围应用，而且应用模式可以随着地区降雨量和当地水质进行灵活调整。在小范围水域应用，可以在亲水景观设计中加入净雨菌种，通过超声波辅助，使其水质得到改善。使用于稻田中，可以减轻雨水的受污染程度，改善稻田中的水质，帮助积水中的氨氮含量下降。同时，水中超声波的使用，也可以在一定程度上帮助稻田驱除其中的害虫。在雨水井中使用生态净雨菌剂治理系统，可以有效改善其中储水的水质，抑制雨水长时间放置后各种细菌、藻类的生长。在没有供电条件的地区，还可以单独使用净雨菌剂。

在大范围水域，如内陆湖泊中应用时，将超声波发射装置部署于湖岸，通过在水面泼洒配置好的菌液，并且每日在晚上 12：00 至次日凌晨 4：00 的时间启动，在不影响周边居民正常生活的情况下，运用超声波和菌种优化水质。

在跨流域河流应用带有净雨菌种的系统可净化渗入了雨水的水源，吞噬原水中的细菌杂质，保证需要运输的原水的水质。当雨水成为供水水源之一时，经过生态治理系统处理的雨水，可以收集并且供给水源或者补充当地河流，大大缓解河流和地下水的供水压力，减少下流河流由于水量不足可能导致的断流情况。超声波发射装置部署在河流沿岸时，还可以通过电脑联动，统一部署发射对鱼类的引导信号。通过这个设置，可以引导一些珍稀保护鱼类溯洄产卵，保障它们的生殖和种群繁衍，对动物起到保护作用。

作品获奖：第 69 届德国纽伦堡 iENA 国际发明展金奖。

超声波诱导系统三维设计图如图 4-2-3、图 4-2-4 所示。

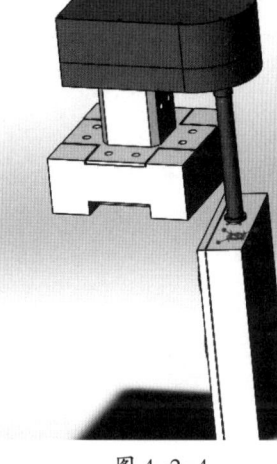

图 4-2-3　　　　　　　　图 4-2-4

小结

本节介绍了发明作品设计的具体步骤，分别是：研究背景知识，确定目标；收集材料，制作发明作品原型；对发明作品原型进行测试、评估与优化；对发明作品原型进行升华。通过展示广东实验中学学生的优秀发明作品，让读者更加了解发明的过程。

思考与练习

请你利用节假日的时间搜集相关信息，将自己的创意转化为发明作品，并尝试制作发明作品原型，对其进行测试、评估与优化，完成一项完整的项目设计，最后完成高中生创造力培养课程之发明作品图形设计表，见表 4-2-1。

表 4-2-1　高中生创造力培养课程之发明作品图形设计表

班级		姓名	
作品名称			
作品背景			

续上表

作品介绍	
作品意义	
创新点	
作品应用	
发明作品设计图（需要展示主视图、后视图、左视图、右视图、俯视图及仰视图）	

第三节　SolidWorks 灯笼设计与制作

灯笼的设计需要提前构思，传统的手工绘画及测量的实践方式修改复制不够便捷，重复劳动较多，学生兴趣不高，二维绘图已经不能满足课程教学需求。针对实际情况，为提高学生的创新能力与设计能力，激发学生的学习兴趣，引入三维建模 SolidWorks 软件，将学生脑海中的想象变成可视化的图形，在增强学生的空间思维能力的同时，也能培养学生的制图能力和读图能力，从而提高课程的教学质量，促进学生的全面发展。

灯笼，起源于汉代，盛于唐代，是一种汉族传统民俗工艺品，是中国传统农业时代的文化产物，兼具生活功能与艺术特色，具有酬神娱人的作用。在古代的主要作用是照明，由纸或绢为外皮，常使用竹或木条制作，中间放上蜡烛，现在也可装入灯泡，多于春节、元宵、中秋等节日悬挂。

SolidWorks 软件设计的三维立体图形具有直观、易于理解等特点，不仅可以应用于学生的设计创意、发明创造，而且还可以创新性地应用于劳动课程。本节以灯笼的设计与制作为例，展示 SolidWorks 软件在劳动课程中的创新应用。

在劳动课上，学生可以模仿不同造型、规格的灯笼实物进行设计制作或者通过手绘灯笼的大致造型进行制作。但学生由于模仿能力、绘画能力较弱等，往往不能设计出自己想要的效果。这时，学生可以通过 SolidWorks 软件绘制出自己想要的设计效果，并与同学们相互沟通交流，进行修改、测量。这样不仅可以设计出属于自己的独特的灯笼，还可以减少因模仿能力、绘画能力不足而重复制作的情况。

运用 SolidWorks 软件设计与制作灯笼的步骤：

（1）构思设计。与同学相互探讨，确定灯笼的形状、大小、结构等，并用 SolidWorks 软件绘制三维效果图。

（2）选取材料与工具。选择合适的竹篾以及辅助工具。

（3）手工灯笼骨架制作。第一步，裁剪标记，测量并裁剪竹篾为搭建做准备；第二步，搭建，将提前裁剪好的竹篾用美纹纸进行搭建固定，完成灯笼的整体结构；第三步，加入手提装饰，在制作好的灯笼结构上再加上灯笼杆和流苏等装饰，使其整体完成并具有观赏性。

下面是广东实验中学的 SolidWorks 灯笼设计与制作案例，案例将呈现一个顶部与底部为圆形（半径为 5 cm），顶部与底部最大的距离为 15 cm 的灯笼 SolidWorks 软件三维设计图，并说明手工灯笼骨架制作的两大步骤。

一、灯笼的 SolidWorks 软件三维设计图绘制步骤

1. 进入前视基准面

双击打开 SolidWorks 软件，在弹出的欢迎对话框中点击新建零件，进入到零件模

板界面，如图 4-3-1 所示。在界面的右下角状态栏点击单位系统，选择单位系统为 CGS（厘米、克、秒），如图 4-3-2 所示。鼠标左键点击 FeatureManager 设计树中的前视基准面，在弹出的工具栏里点击草图绘制选项，如图 4-3-3 所示，即可进入前视基准面的草图绘制状态，如图 4-3-4 所示。

图 4-3-1

图 4-3-2

图 4-3-3

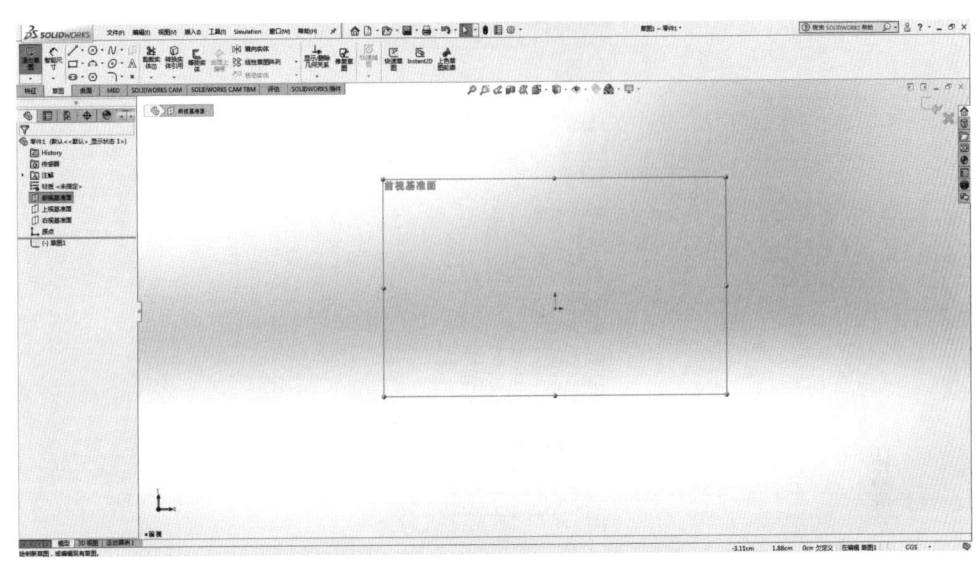

图 4-3-4

2. 绘制顶部圆

点击草图工具栏的圆命令选择圆进入，如图 4-3-5 所示，光标会变成铅笔并带有圆的状态。在绘图区鼠标左键点击坐标系原点确定圆心，移动鼠标再次点击确定圆的半径，如图 4-3-6 所示。在圆属性管理器中修改参数，设定圆的半径为 5 cm，如图 4-3-7 所示。最后点击圆属性管理器左上角的"√"退出圆命令，即可完成半径为 5 cm 的顶部圆的草图绘制。

图 4-3-5

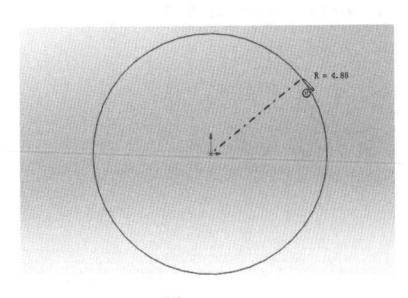

图 4-3-6

图 4-3-7

3. 拉伸顶部圆

点击特征工具栏的拉伸凸台 / 基体命令，如图 4-3-8 所示，在凸台－拉伸属性管理器中修改参数，设定拉伸的终止条件为给定深度，深度为 0.5 cm，勾选薄壁特征，设定拉伸的类型为单向，厚度为 0.04 cm，如图 4-3-9 所示。绘图区的圆会根据修改的参数出现相应的预览效果，如图 4-3-10 所示。点击凸台－拉伸属性管理器左上角的"√"退出命令，即可完成顶部圆的拉伸，此时，灯笼设计的顶部圆实体已完成，如图 4-3-11 所示。

图 4-3-8

图 4-3-9

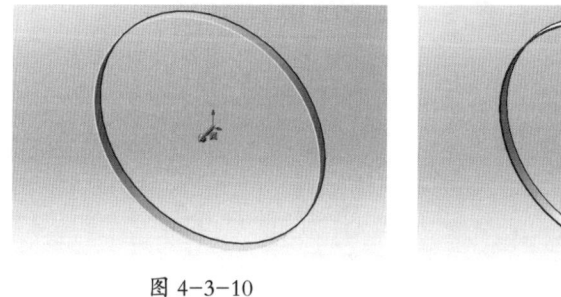

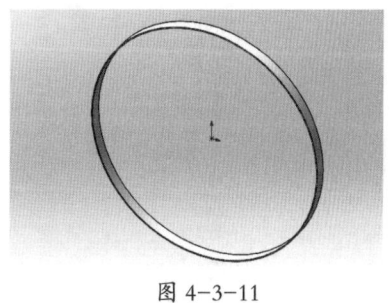

图 4-3-10　　　　　　　　　　　图 4-3-11

4. 复制顶部圆

点击菜单栏的插入，选择特征，再选择移动/复制，如图 4-3-12 所示。点击移动/复制实体属性管理器最下方的平移/旋转选项，可以切换到复制实体的属性管理器界面，如图 4-3-13 所示。点击要复制/移动的实体框，在绘图区点击圆实体作为要复制的实体，勾选复制，份数输入为 1，Z 轴距离为 14.5 cm，如图 4-3-14 所示。绘图区的圆实体会根据修改的参数出现相应的预览效果，如图 4-3-15 所示。点击移动/复制实体属性管理器左上角的"√"退出命令，即可完成复制圆实体，如图 4-3-16 所示。此时，灯笼设计的顶部与底部的圆实体都已完成，灯笼顶部与底部最大的距离为 15 cm。

图 4-3-12

图 4-3-13    图 4-3-14

图 4-3-15 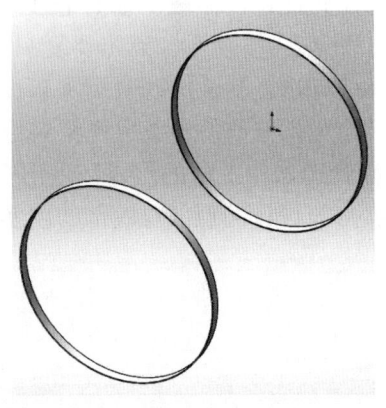   图 4-3-16

5. 进入上视基准面

　　鼠标左键点击 FeatureManager 设计树中的上视基准面，点击弹出的工具栏的草图绘制选项，如图 4-3-17 所示，即可进入上视基准面的草图绘制状态，如图 4-3-18 所示。鼠标左键点击 FeatureManager 设计树中的上视基准面，点击弹出的工具栏的正视于选项，如图 4-3-19 所示，即可正视于上视基准面，方便绘制草图，如图 4-3-20 所示。

图 4-3-17

图 4-3-18

图 4-3-19

图 4-3-20

6. 绘制侧边竹条

点击草图工具栏的直线命令选择中心线进入，如图 4-3-21 所示，光标会变成铅笔并带有中心线的状态。在绘图区鼠标左键点击坐标系原点作为中心线的起点，移动鼠标使中心线垂直重合于底部圆的圆心，点击此点作为中心线的终点，如图 4-3-22 所示，点击鼠标右键选择快捷菜单中的选择选项退出中心线命令。

图 4-3-21

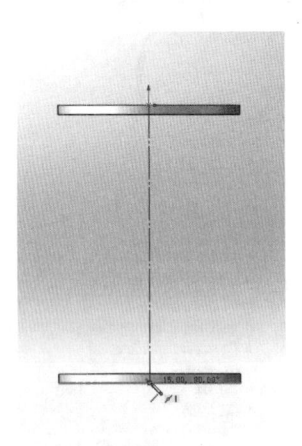

图 4-3-22

点击草图工具栏的直线命令选择中心线进入，鼠标左键点击坐标系原点作为中心线的起点，移动鼠标使中心线重合于顶部圆的半径，点击此点作为中心线的终点，如图 4-3-23 所示，点击鼠标右键选择快捷菜单中的选择选项退出中心线命令。

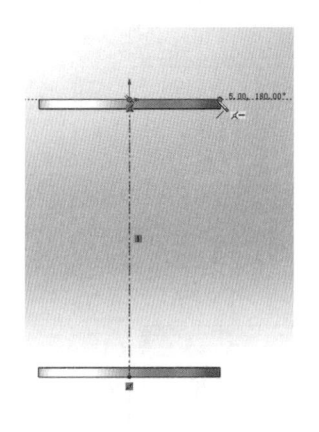

图 4-3-23

再次点击草图工具栏的直线命令选择中心线进入,鼠标左键点击底部圆的圆心作为中心线的起点,移动鼠标使中心线重合于底部圆的半径,点击此点作为中心线的终点,如图 4-3-24 所示,点击鼠标右键选择快捷菜单中的选择选项退出中心线命令。

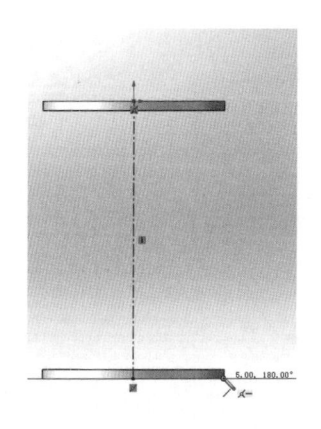

图 4-3-24

点击草图工具栏的圆弧命令选择 3 点圆弧进入,如图 4-3-25 所示,光标会变成铅笔并带有圆弧的状态。点击与顶部圆的半径重合的中心线的终点作为圆弧的起点,点击与底部圆的半径重合的中心线的终点作为圆弧的终点,最后移动鼠标确定圆弧上任意一点完成 3 点圆弧的绘制,如图 4-3-26 所示。点击草图工具栏的智能尺寸,如图 4-3-27 所示。点击垂直重合于底部圆的圆心的中心线的中点,再次点击圆弧的中点,在弹出的修改尺寸框内输入 7.6 cm,如图 4-3-28 所示。点击修改框左上角的"√"确定保存当前输入的数值并退出此对话框,线性尺寸标注完成,如图 4-3-29 所示。

图 4-3-25

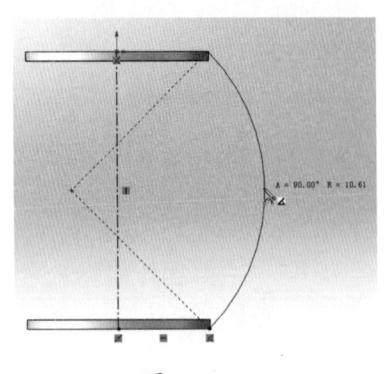

图 4-3-26

图 4-3-27

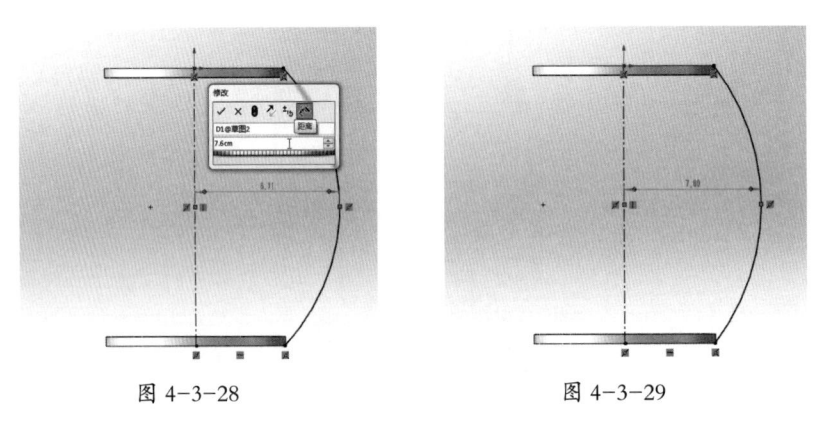

图 4-3-28　　　　　　　图 4-3-29

　　点击特征工具栏的旋转凸台/基体命令，在弹出的提示框中选择"否"，如图 4-3-30 所示。在旋转属性管理器中修改参数，点击旋转轴框，在绘图区点击垂直重合于底部圆的圆心的中心线作为旋转轴，设定旋转类型为给定深度，旋转角度为 360°，取消勾选合并结果，勾选薄壁特征，设定拉伸的类型为单向，厚度为 0.04 cm，如图 4-3-31 所示。绘图区的草图会根据修改的参数出现相应的预览效果，如图 4-3-32 所示。点击旋转属性管理器左上角的"√"退出命令，即可完成旋转命令，在绘图区按住鼠标滚轮移动鼠标翻转视图查看预览效果，如图 4-3-33 所示。

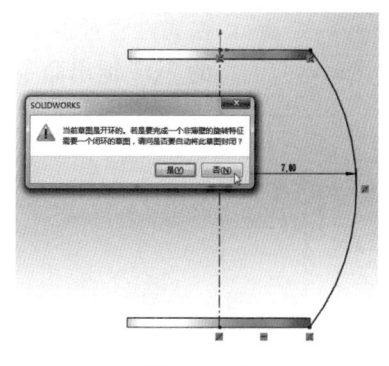

图 4-3-30

图 4-3-31

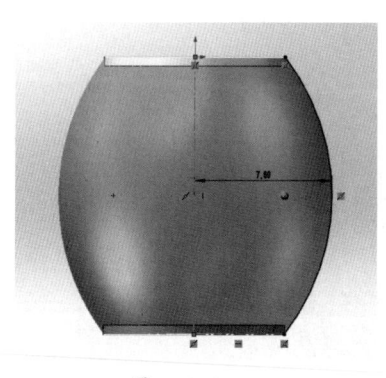

图 4-3-32    图 4-3-33

鼠标左键点击 FeatureManager 设计树中的上视基准面，点击弹出的工具栏的草图绘制选项。鼠标左键点击 FeatureManager 设计树中的上视基准面，点击弹出的工具栏的正视于选项。点击草图工具栏的矩形命令选择边角矩形进入，如图 4-3-34 所示，光标会变成铅笔并带有矩形的状态。超过顶部圆的位置点击鼠标左键确定矩形的一个顶点，移动鼠标超过底部圆的位置再次点击左键确定矩形的大小，如图 4-3-35 所示，点击矩形属性管理器左上角的"√"退出矩形命令。将鼠标移动至超过顶部圆的位置的矩形的短边，移动鼠标找到短边的中点，如图 4-3-36 所示。点击短边的中点，按住

Ctrl 点击顶部圆的圆心，如图 4-3-37 所示。在属性管理器中点击添加几何关系——竖直，如图 4-3-38 所示。点击属性管理器左上角的"√"退出命令，即可完成几何关系的添加，如图 4-3-39 所示。

图 4-3-34

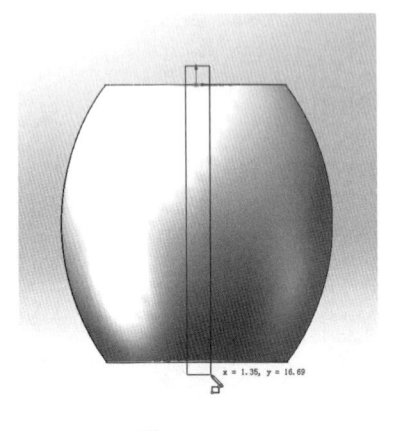

图 4-3-35

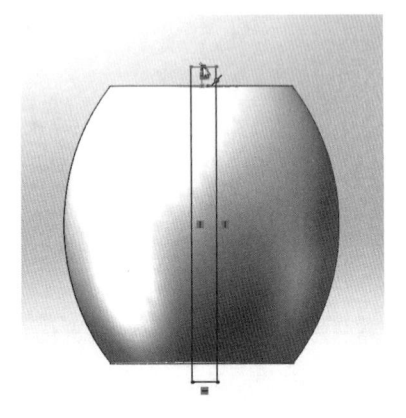

图 4-3-36

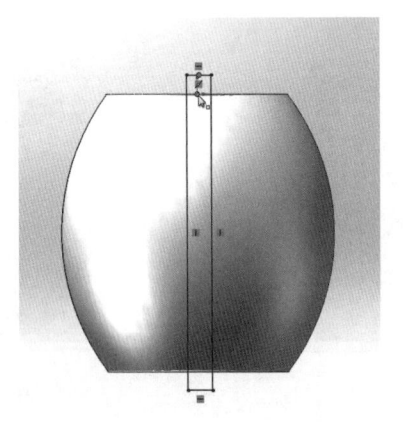

图 4-3-37

图 4-3-38

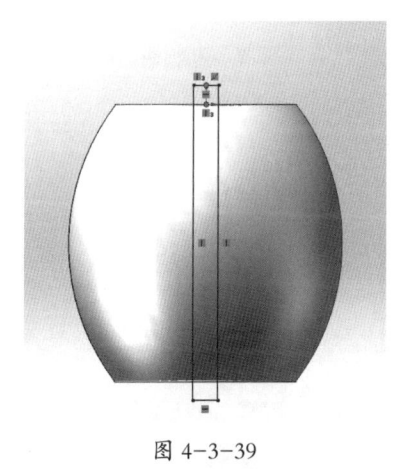

图 4-3-39

点击草图工具栏的智能尺寸，点击超过顶部圆的位置的矩形的短边，移动鼠标再次点击确定修改尺寸框的位置，在弹出的修改尺寸框内输入 0.5 cm，如图 4-3-40 所示，点击修改框左上角的"√"确定保存当前输入的数值并退出此对话框，线性尺寸标注完成。

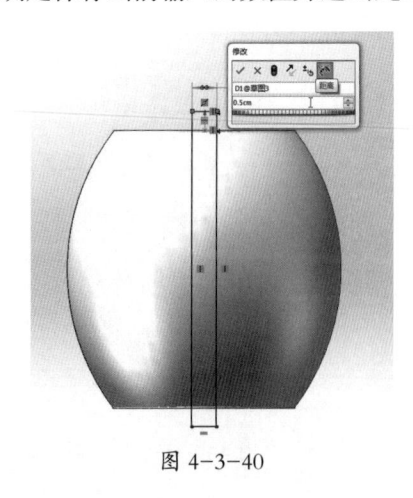

图 4-3-40

155

点击特征工具栏的拉伸切除命令，如图 4-3-41 所示，在切除 - 拉伸属性管理器中修改参数，设定切除 - 拉伸的终止条件为完全贯穿 - 两者，勾选反侧切除，取消勾选特征范围的自动选择选项，点击受影响的实体框，在绘图区点击旋转实体作为拉伸切除受影响的实体，如图 4-3-42 所示，绘图区的草图会根据修改的参数出现相应的预览效果，如图 4-3-43 所示。点击切除 - 拉伸属性管理器左上角的"√"退出命令，在弹出的"要保留的实体"提示框中勾选所选实体 1，如图 4-3-44 所示。点击确定，在绘图区按住鼠标滚轮移动鼠标翻转视图查看预览效果，如图 4-3-45 所示。

图 4-3-41

图 4-3-42

图 4-3-43

图 4-3-44

图 4-3-45

点击特征工具栏的线性阵列命令下拉选项选择圆周阵列进入，如图 4-3-46 所示。在圆周阵列属性管理器中修改参数，点击阵列轴框，在绘图区点击顶部圆作为阵列轴，选择等间距，角度为 360°，实例数为 6，取消勾选特征和面，勾选实体，点击要阵列的实体框，在绘图区点击切除－拉伸的实体作为要阵列的实体，如图 4-3-47 所示，绘图区的草图会根据修改的参数出现相应的预览效果，如图 4-3-48 所示。点击属性管理器左上角的"√"退出命令，在绘图区按住鼠标滚轮移动鼠标翻转视图查看预览效果，此时，6 条竹条的实体都已绘制完成，如图 4-3-49 所示。

图 4-3-46

图 4-3-47

图 4-3-48    图 4-3-49

7. 绘制中间圆

鼠标左键点击 FeatureManager 设计树中的前视基准面，点击弹出的工具栏的显示选项，如图 4-3-50 所示，即可显示前视基准面。点击特征工具栏的参考几何体，选择基准面，如图 4-3-51 所示，设计树会弹出基准面属性管理器。点击第一参考框，在绘图区点击显示的前视基准面，在基准面属性管理器中输入偏移距离为 7.5 cm，如图 4-3-52 所示，绘图区的前视基准面会根据修改的参数出现新的基准面的预览效果，如图 4-3-53 所示。点击基准面属性管理器左上角的"√"退出命令，即可获得一个新的基准面，如图 4-3-54 所示。

图 4-3-50

图 4-3-51

图 4-3-52

图 4-3-53

图 4-3-54

鼠标左键点击 FeatureManager 设计树中的基准面 1，点击弹出的工具栏的草图绘制选项，如图 4-3-55 所示，即可进入新建基准面 1 的草图绘制状态。鼠标左键点击 FeatureManager 设计树中的基准面 1，点击弹出的工具栏的正视于选项，如图 4-3-56 所示，即可正视于新建基准面 1，方便绘制草图，如图 4-3-57 所示。

图 4-3-55　　图 4-3-56

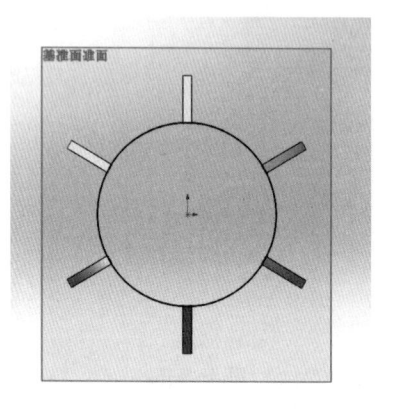

图 4-3-57

点击草图工具栏的圆命令选择圆进入，光标会变成铅笔并带有圆的状态。在绘图区鼠标左键点击坐标系原点确定圆心，移动鼠标使圆的半径与距离圆心最远的点相交，再次点击确定圆的半径，如图 4-3-58 所示。最后点击圆属性管理器左上角的"√"退出圆命令，即可完成中间圆的草图绘制，如图 4-3-59 所示。

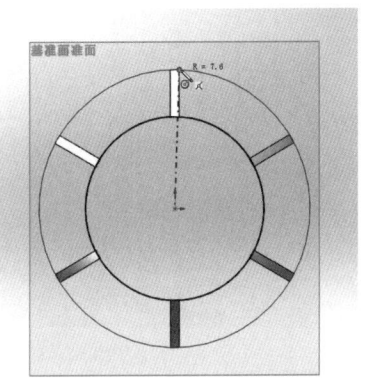

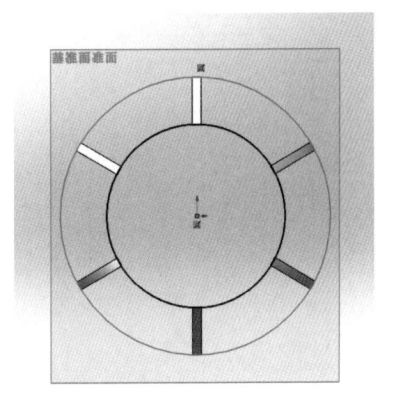

图 4-3-58　　　　　　　　　　　图 4-3-59

8. 拉伸中间圆

点击特征工具栏的拉伸凸台/基体命令，在凸台-拉伸属性管理器中修改参数，设定拉伸的终止条件为两侧对称，深度为 0.5 cm，取消勾选合并结果，勾选薄壁特征，设定拉伸的类型为单向，厚度为 0.04 cm，如图 4-3-60 所示。绘图区的圆会根据修改的参数出现相应的预览效果，如图 4-3-61 所示。点击凸台-拉伸属性管理器左上角的"√"退出命令，即可完成中间圆的拉伸，此时，灯笼设计的中间圆实体已完成，在绘图区按住鼠标滚轮移动鼠标翻转视图查看预览效果，如图 4-3-62 所示。

图 4-3-60

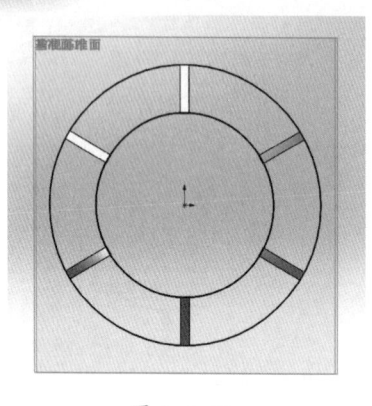

图 4-3-61 　　　　　　　　　　　图 4-3-62

　　鼠标左键点击 FeatureManager 设计树中的前视基准面，点击弹出的工具栏的隐藏选项，如图 4-3-63 所示，即可隐藏前视基准面。鼠标左键点击 FeatureManager 设计树中的基准面 1，点击弹出的工具栏的隐藏选项，隐藏新建基准面 1。此时，顶部与底部圆的半径为 5 cm，顶部与底部最大的距离为 15 cm 的灯笼 SolidWorks 软件三维设计图已全部完成，在绘图区按住鼠标滚轮移动鼠标翻转视图查看预览效果，如图 4-3-64 所示。

图 4-3-63

图 4-3-64

9. 测量灯笼尺寸

点击评估工具栏的测量命令，如图 4-3-65 所示，会弹出一个测量对话框，点击对话框的第二个图标——单位/精度，如图 4-3-66 所示。选择使用自定义设定，长度单位设为厘米，点击确定，如图 4-3-67 所示。

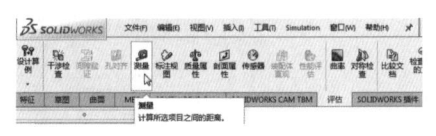

图 4-3-65

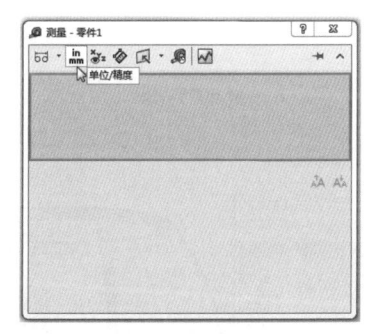

图 4-3-66

图 4-3-67

将鼠标移动至绘图区灯笼骨架顶部圆周长的任意位置，点击鼠标左键，测量对话框里会显示所测量的距离，如图 4-3-68 所示，此时显示顶部圆的周长为 31.67 cm，即灯笼顶部圆竹条的长度为 31.67 cm。将鼠标移动至绘图区空白区域，鼠标左键点击，可以清空测量对话框里的测量数据。用同样的方法测量中间圆，如图 4-3-69 所示，此时显示中间圆的周长为 48 cm，即灯笼中间圆竹条的长度为 48 cm。清空测量数据后，将鼠标移动至灯笼骨架侧边竹条的任意一条圆弧，点击圆弧边长的任意位置，如图 4-3-70 所示，此时显示侧边竹条的弧长为 16.18 cm，即灯笼侧边竹条的长度为 16.18 cm。

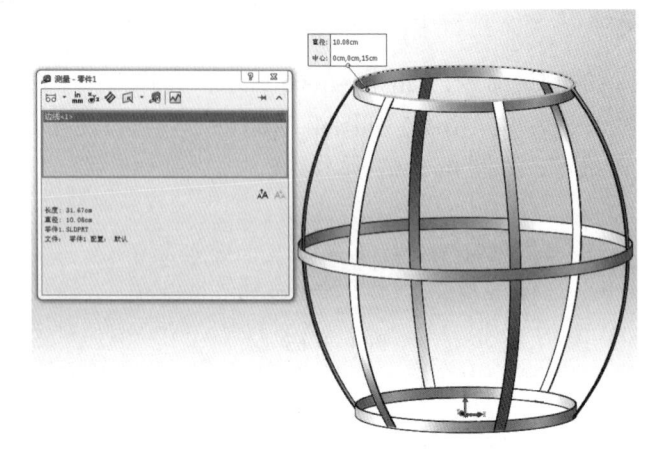

图 4-3-68

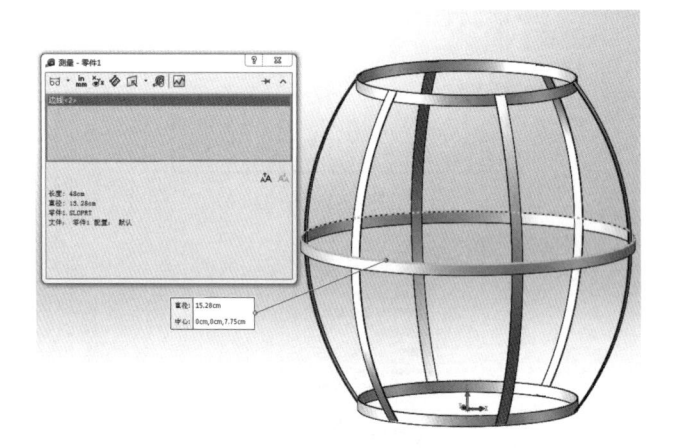

图 4-3-69

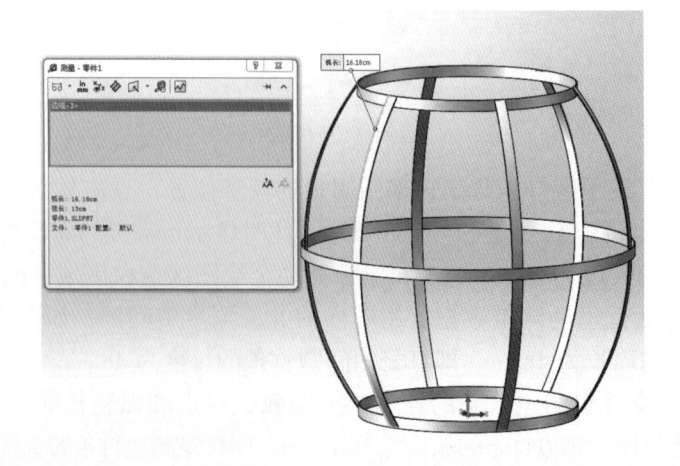

图 4-3-70

二、手工灯笼骨架制作步骤

根据灯笼的 SolidWorks 软件三维设计图获得了三个数据：灯笼顶部圆和底部圆竹条的长度为 31.67 cm、灯笼中间圆竹条的长度为 48 cm 和灯笼侧边竹条的长度为 16.18 cm。将数据四舍五入并保留一位小数，结合灯笼的 SolidWorks 软件三维设计图整理竹条数量，我们可以得出以下信息：需要裁剪 2 条 33.7 cm 的竹篾（加上接口处的 2 cm），2 条竹篾上都需要标记 6 个侧边竹条与此圆相连的点，因此在每隔 5.3 cm 处做一个标记；1 条 50 cm 的竹篾（加上接口处的 2 cm），此竹篾上需要标记 6 个侧边竹条与圆相连的点，因此在每隔 8 cm 处做一个标记；6 条 16.2 cm 的竹篾，其上都需要标记与中间圆相连的点，因此在中点 8.1 cm 处做一个标记。

准备手工灯笼骨架制作工具：宽 5 mm、厚 0.4 mm 的竹篾若干条，软尺，记号笔，剪刀，美纹纸，灯笼杆，红绳，流苏，如图 4-3-71 所示。

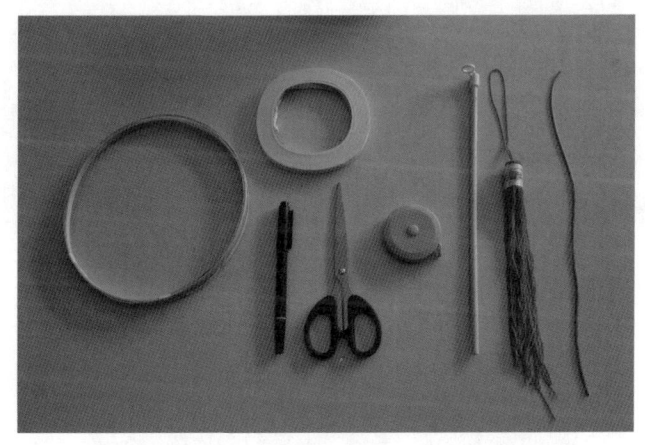

图 4-3-71

1. 裁剪标记

测量并裁剪 2 条长度为 33.7 cm 的竹篾，并在 31.7 cm 处做标记，如图 4-3-72 所示，从左边每隔 5.3 cm 再做一个标记，如图 4-3-73 所示；然后，测量并裁剪一条长度为 50 cm 的竹篾，并在 48 cm 处做标记，如图 4-3-74 所示，从左边每隔 8 cm 再做一个标记，如图 4-3-75 所示；最后，测量并裁剪 6 条长度为 16.2 cm 的竹篾，并在中点 8.1 cm 处做标记，如图 4-3-76 所示。此步骤要注意裁剪准确，均匀标记。

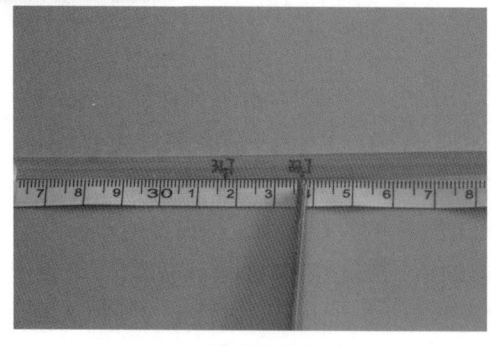

图 4-3-72

图 4-3-73

图 4-3-74

图 4-3-75

图 4-3-76

2. 搭建骨架

提前剪一些美纹纸备用，将长度为 50 cm 的竹篾，绕成一个周长为 48 cm 的圆，接口处用美纹纸固定，如图 4-3-77 所示。将 2 条长度为 33.7 cm 的竹篾，分别绕成两个周长为 31.7 cm 的圆，同样用美纹纸固定，如图 4-3-78 所示。将长度为 16.2 cm 的竹条两端分别与两个小圆标记的地方相连，用美纹纸固定，如图 4-3-79 及图 4-3-80 所示。用手掌按住顶部圆，缓缓用力向下按压，使侧边竹条逐渐弯曲（注意竹条弯曲方向要向外），如图 4-3-81 所示。将周长为 48 cm 的圆缓缓塞进圆柱体内部，如图

4-3-82 所示。调整使得圆上的标记点与侧边竹条中点标记点对应，并用美纹纸固定，如图 4-3-83 所示。此步骤要注意绕圆准确，对准标记点，美纹纸要固定稳当，这一步是灯笼圆润均匀的关键。

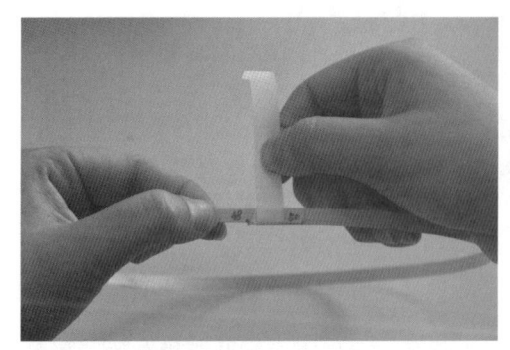

图 4-3-77

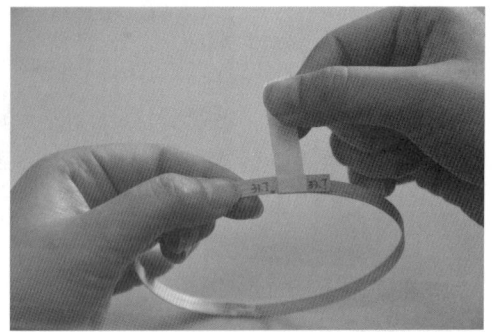

图 4-3-78

图 4-3-79

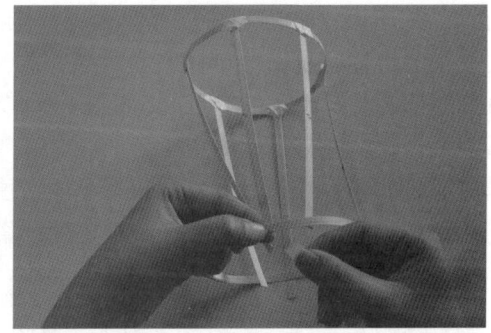

图 4-3-80

图 4-3-81

图 4-3-82

图 4-3-83

3. 加入手提装饰

此时的灯笼骨架已基本完成，如图 4-3-84 所示，我们需要加些手提装饰，增加灯笼的观赏性。将竹篾裁剪成 2 条长度都与顶部圆和底部圆直径相等的竹条，如图 4-3-85 所示，并用美纹纸固定在顶部圆和底部圆上，如图 4-3-86 所示。顶部圆直径竹条作为手提装饰固定杆，底部圆直径竹条作为流苏固定杆。将红绳和流苏分别固定在顶部圆和底部圆直径竹条的中点处，如图 4-3-87 及图 4-3-88 所示，将红绳穿进灯笼杆小洞，裁剪适当长度并打结，如图 4-3-89 所示。此时加上手提装饰的手工灯笼骨架已全部制作完成，如图 4-3-90 所示。此步骤要注意顶部圆和底部圆的直径竹条不能过长或过短，防止撑开圆或竹条而掉落，美纹纸要固定稳当。

图 4-3-84

图 4-3-85

图 4-3-86

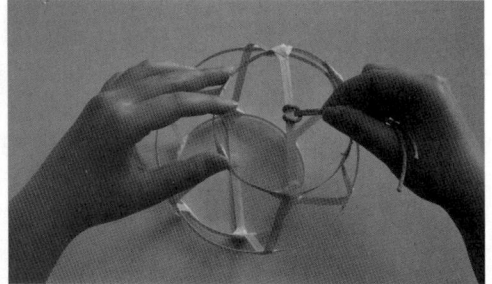

图 4-3-87

第四章 SolidWorks 应用案例

图 4-3-88 　　　　　　　　　　　图 4-3-89

图 4-3-90

小结

本节介绍了灯笼的 SolidWorks 软件三维设计图和手工灯笼骨架制作案例，也是一节现代科技与传统文化相结合的劳动教育课程。通过展示广东实验中学的 SolidWorks 灯笼设计与制作案例，让读者更加了解劳创课程。

思考与练习

请你利用节假日的时间，设计出一个灯笼的 SolidWorks 软件三维设计图，并根据你画的设计图，制作手工灯笼骨架，最后完成高中生创造力培养课程之灯笼骨架创意作品设计表（见表 4-3-1）。

表 4-3-1　高中生创造力培养课程之灯笼骨架创意作品设计表

班级		姓名	
作品名称			

续上表

作品设计步骤	

顶、底部几何尺寸		中间几何尺寸	
灯笼高度		侧边竹条长度	

创新点	
设计难点	

灯笼作品三维设计图（需要展示主视图、后视图、左视图、右视图、俯视图及仰视图）

续上表

手工灯笼骨架制作图（需要展示主视图、俯视图）